Das Land Jesu

Religion entdecken – verstehen – gestalten

Ein Unterrichtswerk für
den evangelischen Religionsunterricht

Herausgegeben von

Gerd-Rüdiger Koretzki und
Rudolf Tammeus

Beratung:

Albrecht Willert, Recklinghausen

ISBN 978-3-525-77611-7

2., überarbeitete Auflage 2008

© 2012, 2000, Vandenhoeck & Ruprecht GmbH & Co. KG, Göttingen/
Vandenhoeck & Ruprecht LLC, Bristol, CT, U.S.A.
www.v-r.de

Alle Rechte vorbehalten. Das Werk und seine Teile sind urheberrechtlich
geschützt. Jede Verwertung in anderen als den gesetzlich zugelassenen Fällen
bedarf der vorherigen schriftlichen Einwilligung des Verlages.
Printed in Germany.

Gestaltung: Rudolf Stöbener, Göttingen. Gesetzt aus der Rotis.
Layout|Lithografie|Grafik: weckner media+print GmbH, Göttingen
Druck und Bindung: Memminger MedienCentrum, Memmingen

Gedruckt auf alterungsbeständigem Papier.

Religion
entdecken
verstehen
gestalten

5./6. Schuljahr

Erarbeitet von

Sigrid Baden-Schirmer
Ursula Kirstein
Maren Köhler
Birgit Rump

Vandenhoeck & Ruprecht

Inhalt

5–20	Ankommen im Religionsunterricht
21–38	Schöpfung: Staunen – Erkennen – Bewahren
39–56	Abraham steht am Anfang
57–74	Exodus – Aufbruch in ein neues Land
75–92	Gesucht: Ein Mensch namens Jesus
93–110	Die Sache Jesu geht weiter
111–128	Die Bibel: Das Haus der vielen Türen
129–146	Angst und Geborgenheit
147–164	Andere sind anders
165–182	Zeit zum Leben – Zeit zum Feiern
183–200	Evangelische Christen – katholische Christen: Was sie eint und was sie trennt
201–220	Andere Erfahrungen – andere Religionen: Das Judentum
221–224	Quellenverzeichnis

Ankommen im Religionsunterricht

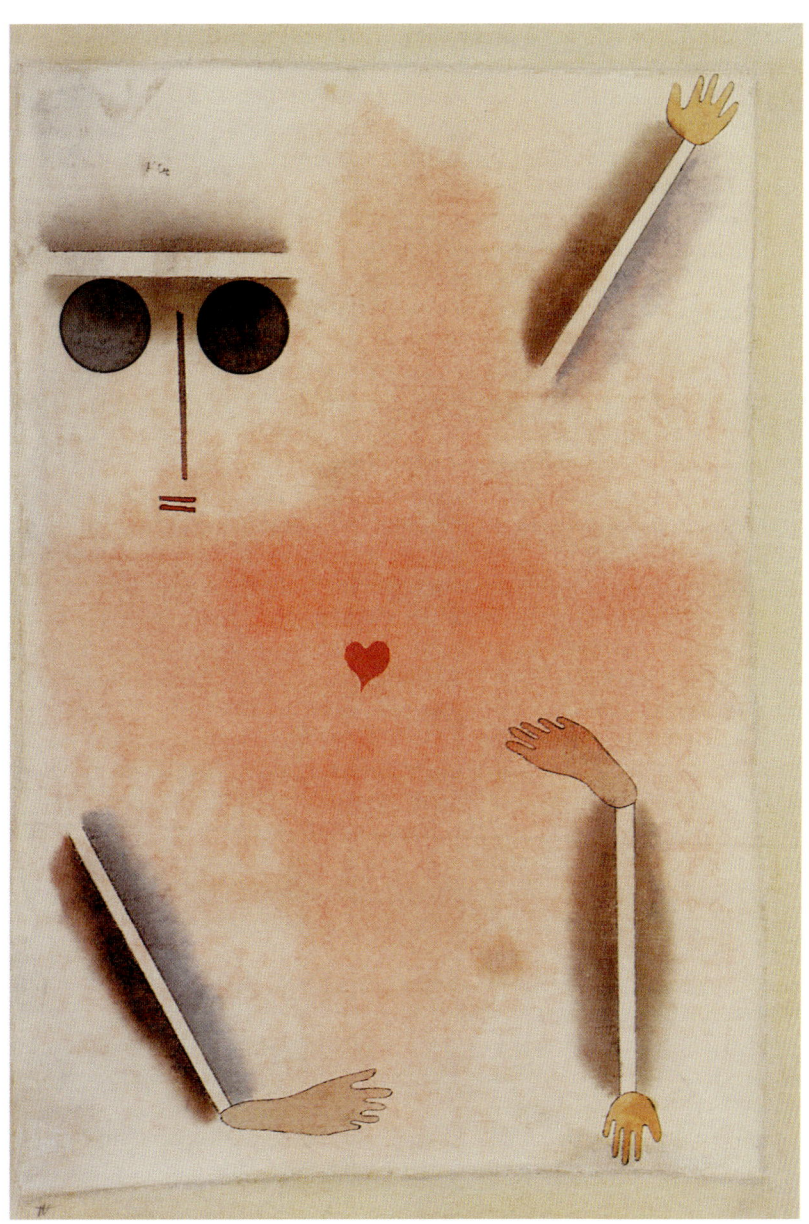

Paul Klee, 1930

Innendrin

Langsam beschlägt der Spiegel. Ganz heiß und nass und rot vom Baden steht Dieter davor und betrachtet sein Spiegelbild. Die schmale Jungenbrust, den flachen Bauch, die zerschundenen Knie. Wie unförmig seine Füße direkt von vorne aussehen! – Blutkreislauf. Herz. Leber. Niere. Vorhin hat er das alles mit Buntstiften säuberlich in sein Bioheft gemalt. Aber das soll alles in ihm drin sein?
In dem dicken Medizinbuch hat er am hinteren Buchdeckel einen ausklappbaren Menschen entdeckt. Vom Hals bis zu den Beinen klappt die Haut weg und zeigt das Innendrin. Schön nach-neben-vor- und hintereinander, wie es im Körper zu sein hat. An Armen und Beinen sieht man die Adern, Muskeln und Knochen unter der Haut. Durch den Mund kann man in den Hals sehen. Und der ganze obere Kopf liegt offen, wenn man die Haare zurückschlägt, und zeigt das Innere der Ohren, die Augäpfel und das, was hinter ihnen ist.
Langsam streicht Dieter über seine herausstehenden Rippen. Wischt den Beschlag vom Spiegel und streicht dem Bild darin über die Brust. Er würde zu gerne sehen, ob in ihm auch alles so ist. Es muss wohl; denn sonst wäre er krank. Aber er kann es einfach nicht glauben, würde sich auch gerne so aufklappen wie den Papiermenschen. Es wäre sowieso viel besser, wenn er vom Hals bis zu den Beinen einen Reißverschluss hätte. Den könnte er einfach aufziehn und sich innendrin begucken. Falls er mal operiert werden müsste, brauchte man ihm nicht einmal den Bauch aufzuschneiden. „Ich bin eingeschweißt in meine Haut wie die Salatgurken!", denkt Dieter. Je länger er sich betrachtet, kommt es ihm immer unwahrscheinlicher vor, dass unter dieser glatten Oberfläche Sehnen, Muskeln, Eingeweide liegen. Warum gerät nichts in Unordnung, wenn er einen Kopfstand macht? – Beim Rennen, Runterspringen und so weiter müsste innendrin doch einfach alles durcheinander fliegen?!
Dieter greift nach dem Handtuch und rubbelt sich trocken. Wie wunderbar ist es doch eingerichtet, dass überall die Haut ist. Und wie wäre das erst, wenn er beim Essen kauen, schlucken würde und dann sagen müsste: „Speiseröhre, los schick den Kram zum Magen!" Und dem Magen: „Vorwärts. Jetzt verdaue! Aber ordentlich. Behalte das, was für mich wichtig ist, und den Rest schick in die Därme!" Und den Därmen dann: „Na, schneller. Es wird langsam Zeit, dass ich aufs Klo gehe, schneller!"
Er müsste dem Blut befehlen: „Fließe!" Der Lunge: „Atme!" Dem Herzen: „Klopfe!" Bestimmt würde er die Hälfte vergessen. Und dann…
Es ist gut so, dass alles von selbst geht. Sein Blut fließt. Er atmet. Sein Herz klopft. Langsam zieht Dieter sich an. Er zieht nicht nur sich an, sondern noch einen zweiten, so scheint ihm, der in ihm drin ist. Den er nicht kennt, von dem er nichts weiß, der aber macht, dass er lebt.

Susanne Kilian

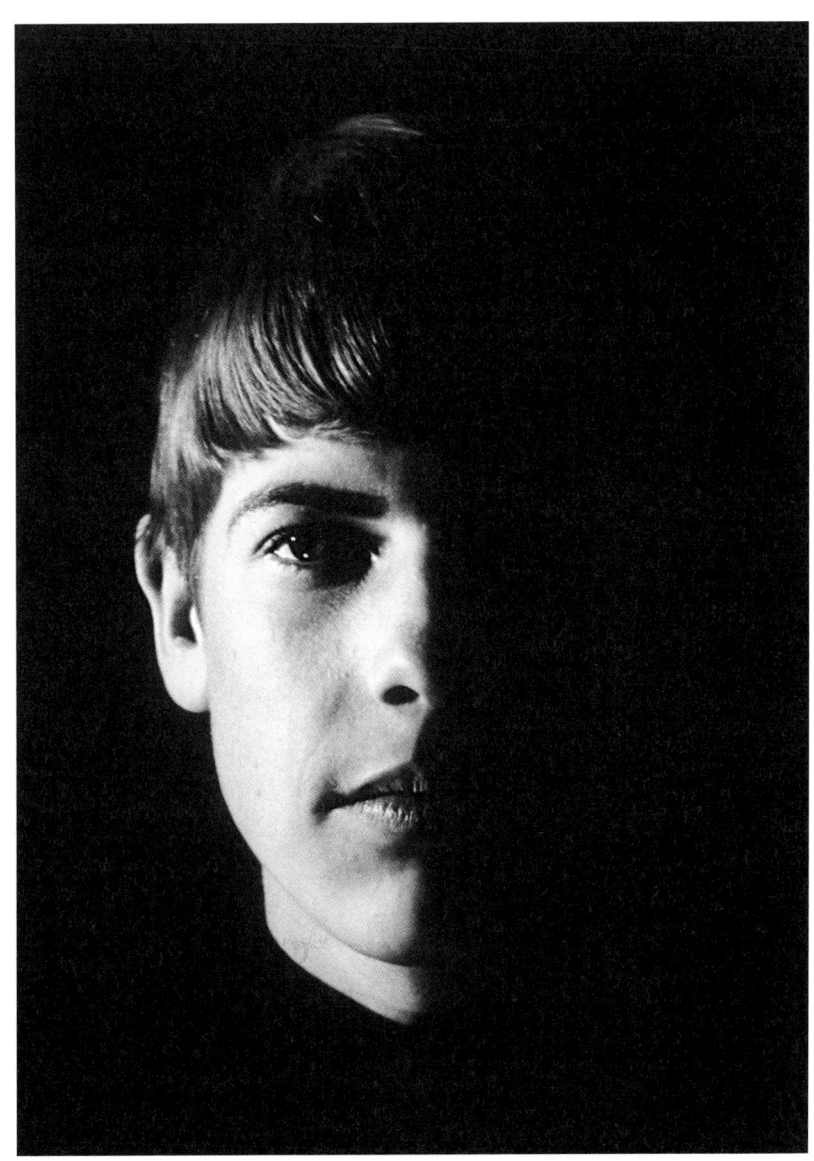

Wer einen Freund hat – Wer eine Freundin hat

Wer einen Freund hat, der hat's gut.
Ein guter Freund macht einem Mut.
Er tröstet, wenn du traurig bist.
Er lacht mit dir, wenn's lustig ist.
Er sitzt gern neben dir am Tisch.
Wenn du dich freust, dann freut er sich.
Er spielt mit dir
und teilt mit dir
und bindet sich ganz fest an dich.
Wenn du was sagst, hört er dir zu.
Und manchmal denkt er so wie du.
Er kommt zu dir und lädt dich ein
und will gern immer bei dir sein.
Er ist bei dir, weil er dich mag,
jeden Tag,
und hofft, weil du sein Freund ja bist,
dass das bei dir genauso ist.

Wer einen Freund hat, kann sich freun,
denn er braucht nie allein zu sein.

Wer eine Freundin hat, hat's gut,
denn eine Freundin macht dir Mut.
Sie tröstet, wenn du traurig bist.
Sie lacht mit dir, wenn's lustig ist.
Sie sitzt gern neben dir am Tisch.
Wenn du dich freust, dann freut sie sich.
Sie spielt mit dir
und teilt mit dir
und bindet sich ganz fest an dich.
Wenn du was sagst, hört sie dir zu.
Und manchmal denkt sie so wie du.
Sie kommt zu dir und lädt dich ein
und will gern immer bei dir sein.
Sie sitzt bei dir, weil sie dich mag,
jeden Tag
und hofft, weil du die Freundin bist,
dass das bei dir genauso ist.

Zwei Freundinnen sind nie allein
und können sich zusammen freun.

Rolf Krenzer

Keith Haring, 1992

Migi und Janos

Der Migi und der Janos sitzen auf dem Rand des neuen Brunnens. Sie schauen den Leuten zu, die vorübergehen und baumeln mit den Beinen.
„Wo warst du gestern?", fragt der Janos.
„Auf dem Mond", sagt der Migi.
„Affe", sagt der Janos, „dämlicher."
Der Migi grinst.
„Wichtel", sagt er.
Der Janos ist nämlich klein für sein Alter.
„Reinrassiger Naturtrottel", sagt der Janos.
„Zu groß geratener Gartenzwerg", sagt der Migi.
„Bäh!", sagt der Janos und streckt die Zunge raus.
„Hast wohl Gehirnbronchitis", sagt der Migi.
„Und dich hat der tollwütige Regenwurm gebissen", sagt der Janos.
„Blödmann!", sagt der Migi.
Ein Mann bleibt stehen und schaut sie über seine Brille hinweg an.
Migi und Janos warten, bis er weitergeht.
„Bist wohl als Kleinkind gegen 'nen Baum gerannt?", sagt der Migi.
„Und du hast Hühneraugen auf den Gehirnzellen", sagt der Janos.
„Vom Specht behämmert!", sagt der Migi.
„In den Verstand geregnet", sagt der Janos.
„Du Schnauze mit Beinen!", sagt der Migi.
„Du Arsch mit Ohren!", sagt der Janos.
Jetzt ist eine Frau stehen geblieben.
„Könnt ihr euch denn nicht vertragen?", sagt sie. „Ich beobachte euch schon die ganze Zeit. Es wäre viel schöner, wenn ihr Freunde wäret."
„Wir sind doch Freunde", sagt der Migi.
Der Janos bricht einen Kaugummi durch und gibt dem Migi die Hälfte ab.
„Stinkwanze!", sagt er.
„Ohrfeigengesicht!", sagt der Migi.
Und dann kauen sie.

Gina Ruck-Pauquèt

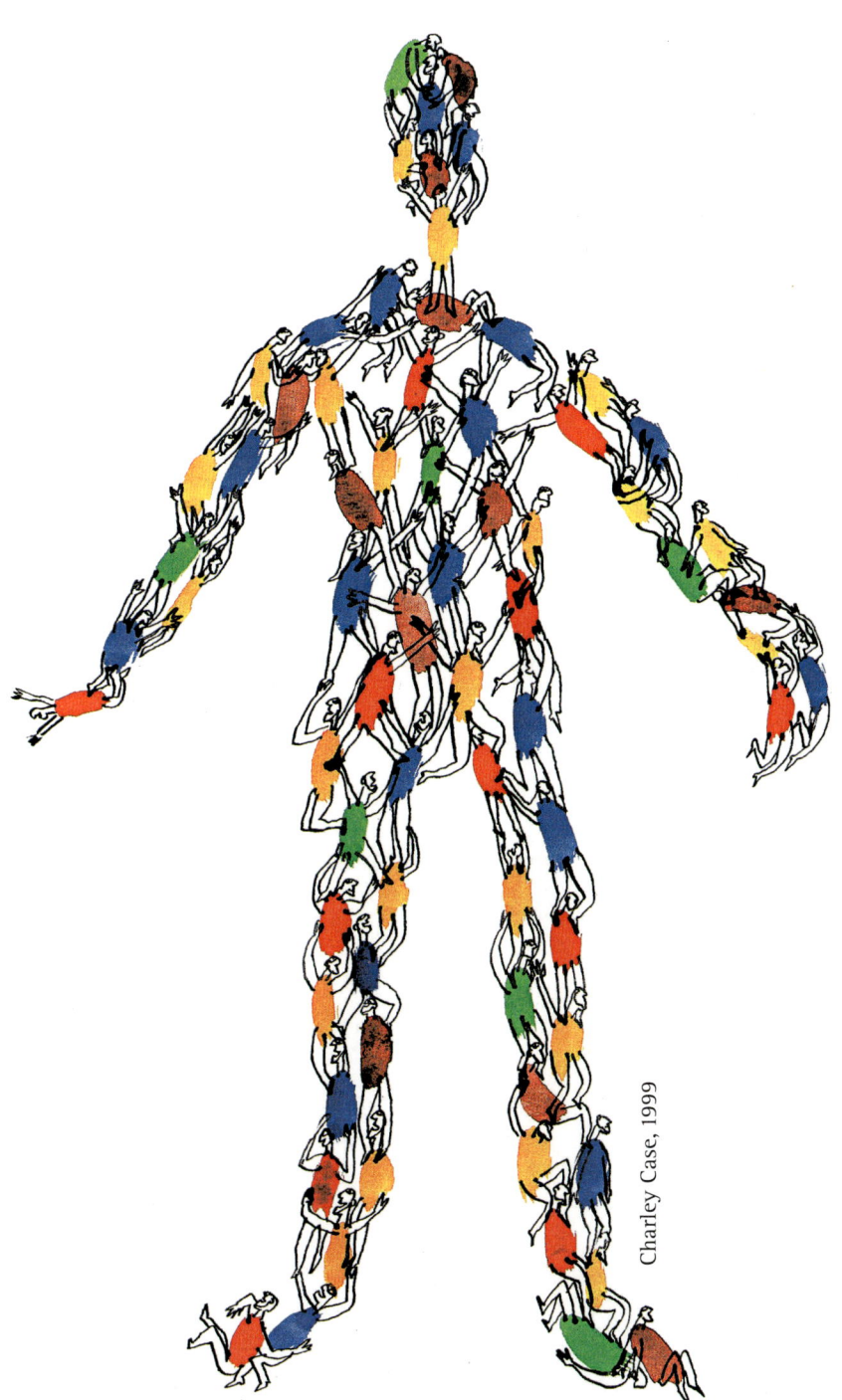

Charley Case, 1999

Paul Klee, 1923

Das Netz

„He, Sara, wir waren im Zirkus." Meine kleinen Geschwister machen eine Menge Wirbel. Sie haben Luftballons mitgebracht und Popkorn. Ob die gar nicht merken, dass ich keinen Kopf dafür habe? Morgen, die Mathe-Arbeit …

Zirkus! „Und?", frage ich, um sie loszuwerden. „Gab's Clowns?" „Jede Menge", sagt Kira. Sie bleibt vor mir stehen und sieht mich nachdenklich an. Vielleicht merkt sie doch was.

„Aber das war nicht das Beste!", ruft Ben. „Das Beste waren die Löwen." Kira ist anderer Meinung. „Die fliegenden Menschen", sagt sie, „die waren das Beste."

„Fliegende Menschen?", frage ich. Ja, fliegen müsste man können, denke ich. Und dann weg. Weg von allen Zahlen und Noten und Tests.

„Echt", sagt Kira. „Die konnten fliegen. Salto haben sie gemacht in der Luft und Schrauben. Und dann haben sie sich gegenseitig aufgefangen."

„Und wenn nicht?", frage ich. „Sie hätten abstürzen können." „Sind sie aber nicht", sagt Kira.

Ben lässt einen Luftballon platzen. Es gibt einen lauten Knall. „Aber das war nicht das Beste", sagt er. „Sondern?" Jetzt sind wir beide genervt – ich und Kira auch. „Zum Schluss", sagt Ben, „da sind sie gesprungen."

„Wie: gesprungen?", frage ich. Ben bückt sich und sammelt die Reste seines Ballons wieder auf. „Einfach so", sagt er, „in die Tiefe." Kira hat ihre Nase in mein Mathe-Heft gesteckt. „Da war ja ein Netz", sagt sie beiläufig.

Ben grinst. „Klar war da ein Netz", ruft er. „Sonst hätten die das nicht gemacht." Er betrachtet die Gummifetzen. „Richtig gemütlich sah es aus", sagt er. Kira nickt. „Wie ein Nest", sagt sie. Das gibt es nur im Zirkus, denke ich. Oder?

Martina Steinkühler

Was glaubst du?

Nele: Dem mach ich Vorwürfe, wenn's nicht so läuft.

Basti: Keine Ahnung, kenn ich nicht.

Swantje: Der ist überall dabei.

Paul: Mit dem rede ich im Stillen,
wenn sonst niemand mit mir reden will.

Kim: Manchmal hab ich einfach das Gefühl,
ich müsste schreien.
So einsam bin ich. Dann denk ich: Vielleicht ist da einer –
und ich kann ihn nur nicht sehen.

Tobi: Einem muss das doch alles gehören, oder?
Welt und Menschen und so?
Einem muss das alles was sagen. Und Ordnung
machen muss der.

Julia, 2007

Was soll das sein: Gott?

„Das ist wirklich ein schweres Wort: Gott", gibt Oma zu, „auch für uns großen Leute, sogar für so alte wie mich. Jeder muss für sich allein herausfinden, was das Wort für ihn bedeutet. Ich sage euch einmal, was ich darunter verstehe und wie es mir mit dem geht, was ich Gott nenne: Ich denke, wir Menschen können vieles erfinden und vieles herstellen aus Holz, Stein, Glas, Plastik oder Metall. Aber die wichtigsten Dinge im Leben kann ich nicht herstellen, darüber kann ich nicht bestimmen: Wer meine Eltern sind, wann und wo ich geboren wurde, wie ich aussehe, was ich gut kann und was nicht, dass ich gesund bin und Kraft habe, dass ich auch nach großer Traurigkeit wieder fröhlich werde und mit anderen lachen kann. Das alles kann ich nicht machen. Auch dass ich Menschen finde, die mich lieb haben, passiert nicht auf Knopfdruck, oder dass im Garten etwas wächst aus dem Samen, den ich in die Erde gelegt und gegossen habe. Ich glaube, es gibt eine große Kraft hinter allem, was es auf der Welt gibt. Aus dieser Kraft ist alles entstanden, die Sonne, die Sterne, die Erde mit den Pflanzen und Tieren und Menschen. Für mich kommt alles aus dieser großen Kraft. Und diese Kraft nenne ich Gott. Diese Kraft Gott ist unsichtbar und so groß und rätselhaft, dass ich sie nie ganz verstehen werde, so alt ich auch werde."

Lisa und Peter sind ganz aufmerksam, so richtig verstehen sie ihre Oma noch nicht. Das merkt die Oma, sie kann es Lisa und Peter am Gesicht ablesen.

„Ich versuche es einmal, in Bildern zu beschreiben, was Gott für mich ist. Also", sie holt tief Luft, „Gott ist für mich ein bisschen wie die Luft. Wir sehen sie nicht, aber wir brauchen sie unbedingt zum Leben ..."

Anna-Katharina Szagun

Du bist ein Gedanke Gottes

Vergiss es nie,
niemand denkt und fühlt
und handelt so wie du
und niemand lächelt
so, wie du's grad' tust.
Vergiss es nie,
niemand sieht den Himmel
ganz genau wie du,
und niemand hat je,
was du weißt, gewusst.
Du bist gewollt...

Vergiss es nie,
dein Gesicht hat niemand
sonst auf dieser Welt
und solche Augen
hast alleine du.
Vergiss es nie,
du bist reich, egal,
ob mit, ob ohne Geld,
denn du kannst leben.
Niemand lebt wie du.
Du bist gewollt...

T.: Jürgen Werth, M.: Paul Janz

Mit „Religion – entdecken – verstehen – gestalten" arbeiten – wie mache ich das?

Schulbücher bieten meistens verschiedene Lese- und Arbeitshilfen. Wenn ich ein neues Schulbuch bekomme, mache ich mich zuerst mit ihm vertraut.

- Ich denke über den *Titel des Buches* nach: Werde ich mit diesem Buch Neues über Religion entdecken? Gott und die Welt besser verstehen lernen? Bekomme ich Anregungen, um selbst Religion zu gestalten?
- Ich sehe mir das *Inhaltsverzeichnis* an: Es gibt 12 Kapitel; sie sind nicht durchgezählt – also müssen wir wohl keine Reihenfolge einhalten.
- Ich schlage ein *Kapitel* auf: Es beginnt mit einer ganzseitigen Abbildung, über der das Thema des Kapitels zu lesen ist. Es folgen Seiten mit Texten, Bildern, Liedern usw. Überschriften zeigen mir, worum es geht. Am Ende sind alle Kapitel ähnlich.
- Die Seite *... wie mache ich das?* gibt mir Tipps zu Arbeitsweisen und Methoden, die ich im Religionsunterricht, teilweise auch in anderen Fächern, gut anwenden kann.
- Unter der Überschrift *Aufgaben – Impulse – Projekte* gibt es zu jeder Seite des Kapitels Hinweise darauf, was ich für mich allein (▶) oder mit anderen zusammen (▶▶) mit den Texten, Bildern und Materialien machen und daran lernen kann.
- Die Seite *Entdeckt, verstanden, gestaltet* fasst zusammen, was ich am Ende des Kapitels weiß und was ich kann. Ich kann sie zum Wiederholen verwenden und um zu prüfen, ob ich alles verstanden habe.
- Vorn und ganz hinten im Buch finde ich *Karten*, die mir bei der Arbeit mit biblischen Texten nützlich sind.

Aufgaben – Impulse – Projektideen

■ 5 BILD: ▶Beschreibe, was auf dem Bild zu sehen ist. Schlage einen Titel für das Bild vor. Wenn alle Vorschläge gesammelt sind, könnt ihr darüber abstimmen. ▶Lege eine Tabelle mit zwei Spalten an: Links hinein malst du alle im Bild dargestellten Sinnesorgane bzw. Körperteile, rechts hinein schreibst du, wozu sie dienen. Ergänze wichtige Organe, die deiner Meinung nach fehlen. ▶▶Interview mit Paul Klee: Deine Partnerin bzw. dein Partner „ist" der Maler, du stellst Fragen nach dem Bild. Das Gespräch wird aufgezeichnet; die Rollen können getauscht werden. ▶▶Gestaltet im Klassenraum einen „Weg der Sinne."

■ 6 INNENDRIN: ▶▶Sammelt außen an der Tafel: Was ist außen am Körper? – Schreibt auf Karten, die innen an die Tafel geheftet werden: Was steckt „innendrin"? ▶Führe ein Schreibgespräch mit deinem Spiegelbild: „Du hast helle Augen." – „Ja, sie sind fröhlich, weil ..."; „Du hast einen großen Mund." – „Das täuscht. Ich bin schüchtern ..." ▶▶„Was mich am Leben erhält" – schreibt abwechselnd auf ein großes Blatt. ▶Bereite einen Kurzvortrag vor: „Im Körper – biologisch betrachtet". Beende deinen Vortrag mit einer Liste von Fragen, die die Biologie nicht beantwortet.

■ 7 FOTO: ▶Stelle einen Zusammenhang her zwischen dem Foto und dem Text von S. 6. Erkläre, was gemeint ist, wenn man von Licht- und Schattenseiten einer Person spricht. ▶Male dein Spiegelbild. Oder: Gestalte einen Rahmen aus fester Pappe und klebe einen Spiegel, Alu-Folie oder ein Bild von dir hinein. ▶▶Erzählt Geschichten, in denen ein Spiegel vorkommt (z.B. ein Märchen).

■ 8 FREUNDE: ▶Drücke die Erfahrungen mit Freundschaft, die in den beiden Gedichten deutlich werden, in eigenen Worten aus. Ergänze, was deiner Meinung nach fehlt. ▶Schreibe ein Freundschaftsgedicht. Illustriere es, z.B. mit Symbolen. ▶▶Diskutiert in der Klasse: Was ist „wahre", was ist „falsche" Freundschaft? ▶„Jetzt ist es mit der Freundschaft aus!" – Schildere eine Begebenheit, in der dieser Satz gesagt wird.

■ 9 BILD: ▶Deute die Farben und Formen des Bildes. ▶Führe den Satz „Ein Freund/eine Freundin ist für mich wie ..." weiter.

▌ 10 Migi: ▶Lies bis: „Du Arsch mit Ohren, sagt der Janos" – Überlege dir zwei verschiedene Fortsetzungen. Lies weiter und erkläre, wie Migi und Janos/wie die Frau die Szene am Brunnen verstehen. ▶▶Diskutiert, wie es zu so unterschiedlichen Wahrnehmungen kommt.

▌ 11 Bild: ▶▶Beschreibt das Bild vom Körper und den Gliedern. Übertragt es auf eure Klasse: Gebt Beispiele dafür, wie die Zusammenarbeit der „Glieder" im „Körper" funktioniert/nicht funktioniert. ▶Vergleiche das Bild mit der Geschichte vom Leib und den Gliedern, die du in deiner Bibel im ersten Brief des Paulus an die Korinther im 12. Kapitel findest. ▶Benenne unterschiedliche Fähigkeiten und Talente, die in einer Gruppe oder Gemeinde gebraucht werden. ▶▶Plant eine Aktion zur Stärkung des Wir-Gefühls in der Klasse; führt sie durch und wertet sie aus (Fest, Ausflug, Projekt).

▌ 12 Bild: ▶▶Sammelt Beobachtungen und Einfälle zu dem Bild. ▶Benenne die Elemente dieses Bildes von Paul Klee und vergleiche sie mit dem Bild desselben Malers auf S. 5. ▶▶Überlegt euch einen Ort, über den die Seilkonstruktion gespannt sein könnte. Formuliert in der Ich-Form, was der Seiltänzer sieht, hört, denkt.

▌ 13 Das Netz: ▶Entfalte, was jeweils gemeint ist: 2. Absatz: „Vielleicht merkt sie doch was." – 4. Absatz: „Fliegen müsste man können." – Letzter Absatz: „Das gibt es nur im Zirkus … oder?" ▶Zeichne ein Netz, in das du dich fallen lassen möchtest. ▶▶Setzt den Text und das Bild von S. 12 zueinander in Beziehung.

▌ 14 Gespräch: ▶▶Mischt euch in das Gespräch ein: Sammelt weitere Antworten. ▶▶Lest die Antworten mit *weiblichen* Formen für Gott. Diskutiert, ob sich dadurch etwas verändert.

▌ 15 Gott ist …: ▶„eine Kraft", sagt Oma. – Erkläre das mit deinen Worten. ▶▶„wie die Luft", sagt Oma – Sammelt weitere Bilder, die sich Menschen von Gott machen. ▶Schreibe Gott einen Brief, in dem du ihm deine Vorstellung von ihm schilderst. Stelle ihm Fragen.

▌ 16 Lied: ▶„Bei dem Lied muss ich immer heulen", sagt die Mutter eines Schülers. Versetze dich in ihre Lage und beschreibe, wie sie das Lied versteht.

Entdeckt, verstanden, gestaltet

Ich – mit anderen, mit Gott

Ich kann	■ mit anderen über Erfahrungen mit Schule und Religionsunterricht sprechen.
	■ Erwartungen an den Unterricht formulieren.
	■ darstellen, um was es im Religionsunterricht geht, z.B. um das Nachdenken über Gott und die Welt, um mich und andere und um den Sinn des Lebens.
Ich habe	■ mir Gedanken gemacht über das Äußere und Innere des Menschen, über seine Licht- und Schattenseiten
und kann	■ beschreiben, was zum Menschsein dazugehört.
Ich kann	■ mich zum Thema Freundschaft äußern, indem ich mich auf Texte und Bilder des Kapitels beziehe und eigene Erfahrungen mit Freundinnen und Freunden einbringe.
	■ Verhaltensweisen nennen, die ein gutes Zusammenleben und -arbeiten in der Gruppe fördern,
und weiß,	■ dass jeder mit seinen Fähigkeiten und Talenten etwas dazu beitragen kann, dass eine gute Gemeinschaft entsteht.
Ich kenne	■ die Gedanken, die Paulus sich in seinem Brief an die Korinther über die Gemeinschaft macht,
und kann	■ sein Bild vom Leib und den Gliedern deuten.
Ich kann	■ über Gott nachdenken und meine Vorstellungen, Ansichten und Fragen zu diesem Thema formulieren.
	■ einige Bilder, die sich Menschen von Gott machen, beschreiben.
Ich finde	■ mich im neuen Religionsbuch zurecht
und kann	■ erklären, wie man damit arbeitet.

Schöpfung:
Staunen – Erkennen – Bewahren

Gabriel Loire, 1986

Schöpfung wahrnehmen

Über die Erde

Über die Erde
sollst du barfuß gehen.
Zieh die Schuhe aus,
Schuhe machen dich blind.
Du kannst doch den Weg
mit den Zehen sehen.
Auch das Wasser
und den Wind.

>Sollst mit deinen Sohlen
die Steine berühren,
mit ganz nackter Haut.
Dann wirst du spüren,
dass dir die Erde vertraut.

Spür das nasse Gras
unter deinen Füßen
und den trockenen Staub.
Lass dir vom Moos
die Sohlen streicheln und küssen
und fühl
das Knistern im Laub.

>Steig hinein,
steig hinein in den Bach
und lauf aufwärts
dem Wasser entgegen.
Halt dein Gesicht
unter den Wasserfall.
Und dann sollst du dich
in die Sonne legen.

Leg deine Wange auf die Erde,
riech ihren Duft und spür,
wie aufsteigt aus ihr
eine ganz große Ruh.
Und dann ist die Erde
ganz nah bei dir
und du weißt:
Du bist ein Teil von allem
und gehörst dazu.

Martin Auer

Schöpfung und Weltentstehung

Thomas Zacharias, 1966

Schöpfungserzählung in Genesis 1

Am Anfang schuf Gott Himmel und Erde.
Die Erde aber war wüst und leer, Finsternis lag über dem Urmeer und
der Geist Gottes schwebte über den Wassern.

Und Gott sprach: Es werde Licht.
Und es ward Licht.
Gott sah, dass das Licht gut war.
Da schied Gott das Licht
von der Finsternis. Das Licht
nannte Gott Tag, die Finsternis
Nacht. So ward Abend, so
ward Morgen: Der erste Tag.

Und Gott sprach: Es entstehe ein Gewölbe
über den Wassern, das bilde eine Scheidewand zwischen den Wassern. So machte
Gott das Gewölbe, er schied zwischen den
Wassern unter dem Gewölbe und dem Wasser über dem Gewölbe. Und es geschah so.
Gott nannte das Gewölbe Himmel. So ward
Abend. So ward Morgen: Der zweite Tag.

Und Gott sprach: Es sammle sich das Wasser
unter dem Himmel an besonderen Orten, dass
man trockenes Land sehe. Und es geschah so.
Das Trockene nannte Gott Erde, die Sammlung
des Wassers nannte er Meer. Und Gott sah,
dass es gut war.

Und Gott sprach: Aufgrünen lasse die Erde
Gras und Kraut, das Samen trägt nach seiner
Art, und fruchtbare Bäume, die ihre Früchte
bringen nach ihrer Art und deren Samen
in ihren Früchten ist. Und es geschah so. ...

Und Gott sah, dass es gut war.
So ward Abend, so ward Morgen:
Der dritte Tag.

Und Gott sprach: Lichter
sollen werden am Gewölbe des
Himmels. Die sollen scheiden
zwischen Tag und Nacht und
sollen dienen als Zeichen für
Zeiten, Tage und Jahre. Sie
seien Lampen am Gewölbe des
Himmels, zu leuchten über der
Erde. Und es geschah so. ...

Und Gott sah, dass es
gut war. So ward Abend,
so ward Morgen:
Der vierte Tag.

Und Gott sprach: Wimmeln sollen die Wasser von einem
Gewimmel lebendiger Wesen und Vögel sollen hinfliegen über
die Erde am Gewölbe des Himmels. Und es geschah so. ...
Und Gott sah, dass es gut war.

Gott segnete sie und sprach:
Seid fruchtbar, mehret euch
und füllet das Wasser im Meer
und die Vögel sollen sich mehren auf Erden.

So ward Abend. So ward Morgen: Der fünfte Tag.

Und Gott sprach: Die Erde bringe lebendige Wesen hervor nach ihren
Arten: Vieh, Kriechtiere und das Wild des Feldes nach seinen Arten.
Und es geschah so. ... Und Gott sah, dass es gut war.

Und Gott sprach: Ich will Menschen machen nach meinem eigenen
Bilde, mir ähnlich. ... Und Gott schuf den Menschen nach seinem
Bilde, nach Gottes Bilde schuf er ihn, und er schuf sie, einen Mann
und ein Weib.

Und Gott segnete sie und sprach: Seid fruchtbar und mehret euch,
füllet die Erde und macht sie euch untertan und herrscht über die
Fische des Meeres, die Vögel des Himmels und alles Getier, das sich
auf Erden regt. ...

Und Gott sah alles, was er gemacht hatte, an und sah:
Es war sehr gut.

So ward Abend. So ward Morgen: Der sechste Tag.

So wurden vollendet Himmel und Erde mit ihrem ganzen Heer
und Gott vollendete am siebten Tag sein Werk, und er ruhte
am siebten Tag. Er segnete den siebten Tag und heiligte ihn,
denn an ihm ruhte er von all seinem Werk, das er schaffend
gemacht hatte.

nach Gen 1,1–2,3

Erich Grün, 1983

Schöpfungserzählung in Genesis 2

Es war zu der Zeit, da Gott der Herr Erde und Himmel machte.
Und alle die Sträucher auf dem Felde waren noch nicht auf Erden und all das Kraut auf dem Felde war noch nicht gewachsen; denn Gott der Herr hatte noch nicht regnen lassen auf Erden und kein Mensch war da, der das Land bebaute; aber ein Nebel stieg auf von der Erde und feuchtete alles Land.
Da machte Gott der Herr den Menschen aus Erde vom Acker und blies ihm den Odem des Lebens in seine Nase. Und so ward der Mensch ein lebendiges Wesen.
Und Gott der Herr pflanzte einen Garten in Eden gegen Osten hin und setzte den Menschen hinein, den er gemacht hatte. Und Gott der Herr ließ aufwachsen aus der Erde allerlei Bäume, verlockend anzusehen und gut zu essen, und den Baum des Lebens mitten im Garten und den Baum der Erkenntnis des Guten und Bösen. Und es ging aus von Eden ein Strom, den Garten zu bewässern, und teilte sich von da in vier Hauptarme. Der erste heißt Pischon, der fließt um das ganze Land Hawila und dort findet man Gold; und das Gold des Landes ist kostbar. Auch findet man da Bedolachharz und den Edelstein Schoham. Der zweite Strom heißt Gihon, der fließt um das ganze Land Kusch. Der dritte Strom heißt Tigris, der fließt östlich von Assyrien. Der vierte Strom ist der Euphrat.
Und Gott der Herr nahm den Menschen und setzte ihn in den Garten Eden, dass er ihn bebaute und bewahrte. Und Gott der Herr gebot dem Menschen und sprach: Du darfst essen von allen Bäumen im Garten, aber von dem Baum der Erkenntnis des Guten und Bösen sollst du nicht essen; denn an dem Tage, da du von ihm issest, musst du des Todes sterben.
Und Gott der Herr sprach: Es ist nicht gut, dass der Mensch allein sei; ich will ihm eine Gehilfin machen, die ihm entspricht. Und Gott der Herr machte aus Erde alle die Tiere auf dem Felde und alle die Vögel unter dem Himmel und brachte sie zu dem Menschen, dass er sähe, wie er sie nennte; denn wie der Mensch jedes Tier nennen würde, so sollte es heißen. Und der Mensch gab einem jeden Vieh und Vogel unter dem Himmel und Tier auf dem Felde seinen Namen; aber für den Menschen war keine Gehilfin gefunden, die ihm entspräche.
Da ließ Gott der Herr einen tiefen Schlaf fallen auf den Menschen und er schlief ein. Und er nahm eine seiner Rippen und schloss die Stelle mit Fleisch. Und Gott der Herr baute ein Weib aus der Rippe, die er von dem Menschen nahm, und brachte sie zu ihm. Da sprach der Mensch: Das ist doch Bein von meinem Bein und Fleisch von meinem Fleisch, man wird sie Männin nennen, weil sie vom Manne genommen ist. Darum wird ein Mann seinen Vater und seine Mutter verlassen und seinem Weibe anhangen und sie werden sein ein Fleisch. Und sie waren beide nackt, der Mensch und sein Weib, und schämten sich nicht.

Gen 2,4–25

Die Entstehung der Welt im Islam

Allah schuf sieben Himmel übereinander in der vollendeten Harmonie, die keine Fehler hat. Den untersten Himmel schmückte er mit Lampen und setzte die Sterne für die Satane, damit sie sich nicht überheben. Allah setzte auch an den Himmel die Türme, deren Schmuck die Betrachter auf der Erde erfreute. Aber die leuchtenden Feuerbrände vertreiben den Eindringling.
Die Erde machte Allah fest und errichtete die Berge. Er schuf aber den Himmel und die Erde und alles, was dazwischen ist, in sechs Tagen; erst dann setzte er sich auf seinen Thron, um in Barmherzigkeit die Welt zu lenken. Er hatte aber nicht nur die Türme am Himmel errichtet, sondern auch eine Lampe an ihm gemacht und einen leuchtenden Mond. Er schuf aber die Folge von Nacht und Tag für den Menschen.
Und der Himmel war weit und ohne Risse und Spalten und die Erde schön hingebreitet. Aber von allen Dingen schuf Allah ein Paar. Himmel und Erde, Sonne und Mond, alle Paare folgen den ihnen bestimmten Gesetzen, und selbst Sterne und Bäume erkannten sie und beteten Allah an. Die Erde mit ihren Geschöpfen, mit ihren Früchten und Palmen schuf er für den Menschen, den er aus Lehm wie ein Tongefäß erschaffen hatte.
Allah aber schuf, wenn er schaffen wollte, durch sein Wort. Sein Befehl aber, wenn er etwas schaffen wollte, lautete: Sei! Und es ward so.
Allah aber spaltete die Morgendämmerung, damit das Tageslicht hindurchdringen konnte, um die Menschen zu erwecken, denn die Nacht hatte er dem Menschen zur Ruhe bestimmt. Sonne und Mond aber dienten dem Menschen auch zur Berechnung der Zeit. Die Sterne aber setzte Allah an den Himmel, damit der Reisende zu Lande und zur See recht geleitet wird. Und die Zeichen der Sterne waren einfach und klar und leicht für Leute, die sie lernen wollen. Dann ließ Allah auch Wasser vom Himmel herabkommen und dadurch Pflanzen aus der Erde wachsen, neben dem Korn die Feigen, die Weinstöcke, die Oliven- und Granatapfelbäume.
Aber auch in dem Gedeihen der Tiere und im Wechselspiel der Winde und Wolken zwischen Himmel und Erde setzte Allah Zeichen seiner Herrlichkeit.
Einstmals waren Himmel und Erde eine zusammenhängende Masse, aber Allah hatte sie getrennt und aus dem Wasser alles Lebendige geschaffen und auf der Erde breite Täler zu ebenen Wegen, damit der Mensch auf ihr sicher wandeln könnte. Den Himmel aber hatte Allah als Dach für die Menschen geschaffen, damit sie behütet seien.

Koran: Sure 67,4–6; 15,16–19; 25,59–62; 51,48–49; 55,1–31; 36,83; 6,55–99; 21,30–33; 21,56–59

Vom Urknall bis heute – eine Zeitreise

Naturwissenschaftler erklären sich die Entstehung unseres Universums mit der Theorie vom Urknall – etwa so:

Vor ungefähr 15 Milliarden Jahren ereignete sich eine Explosion, die die Ausdehnung des Universums, die bis heute andauert, einleitete. Milliarden von Teilchen flogen mit unvorstellbarer Geschwindigkeit auseinander und kühlten dabei ab. Dies nennt man „Urknall".

Vor ungefähr 12 Milliarden Jahren begann sich unser Sonnensystem zu entwickeln. Dabei wurden Teilchen einer der entstandenen Gas- und Staubwolken durch die enorme Geschwindigkeit verdichtet, so dass eine kleine heiße Kugel entstand, die Sonne, und an ihren Rändern bildeten sich die Planeten. So auch unsere Erde. Das war vor etwa 5 Milliarden Jahren.

Anfangs war die Erde heiß und flüssig, glühend und dampfend. Immer wieder bildete sich eine dünne Schicht als Erdkruste, die von einschlagenden Brocken aus dem Weltraum zerstört wurde. Langsames Abkühlen führte dazu, dass sich eine feste Kruste bildete, die aus vielen Schichten besteht. Aus dem Inneren stiegen durch Spalten Gase empor. So entstand die Uratmosphäre, in der giftige Gase und Wasserdampf waren.

Diese Lufthülle kühlte weiter ab, so dass der Wasserdampf zu Regen kondensierte. Riesige Wassermassen stürzten auf die Erde, Ozeane und Seen entstanden. Unter diesen Bedingungen bildeten sich einfache organische Verbindungen, die sich in den Urozeanen sammelten. Die Ursuppe entstand. Als Nächstes entwickelten sich einfache Formen des Lebens, die sich selbst vermehren konnten und aus denen immer neue Formen des Lebens entstanden. Dies war vor ungefähr 3,5 Milliarden Jahren. Vor ca. 2 Milliarden Jahren bildete sich auch Sauerstoff, der in die Atmosphäre abgegeben wurde. Ganz neue Arten von Lebewesen konnten entstehen. Später – vor etwa 570 Millionen Jahren – entwickelten sich erste Formen von Tieren.

Die Entstehung des Lebens vollzog sich im Wasser und erst vor 425 Millionen Jahren siedelte sich auch Leben an Land an. Farne, Schachtelhalme sowie baumhohe Wälder entstanden. Nach den Pflanzen entwickelten sich auch erste Tiere, die an Land leben können. Später, vor 350 Millionen Jahren, traten Amphibien auf, vor ca. 290 Millionen Jahren entstanden die ersten Reptilien und vor etwa 200 Millionen Jahren begann die Epoche der Dinosaurier. Als diese vor 65 Millionen Jahren ausstarben, entwickelten sich die Säugetiere und Vögel. Doch erst vor 2,3 Millionen Jahren trat der älteste Vertreter der Gattung Homo auf, zu der auch der heutige Mensch gehört.

Dies ist eine Geschichte von der Entstehung der Welt, wie sie abgelaufen sein könnte. Es gibt fossile Funde und Experimente, die diese Theorie stützen, doch es bleibt unklar, ob es so gewesen ist.

Maren Köhler

Umgang mit der Schöpfung

Humorlos

Die Jungen
werfen
zum Spaß
mit Steinen
nach Fröschen.

Die Frösche
sterben
im Ernst.

Erich Fried

Das Wunder

Seht ihr Willi im roten Pulli zwischen seinen Freunden? Sie spielen auf dem engen Hof eines fünfstöckigen Häuserblocks, mitten in der großen Stadt. Hier wohnen achtunddreißig Familien und Willis Vater ist der Hausmeister. Der Hof ist mit Steinplatten ausgelegt.

Willis Urgroßmutter lebt weit weg von der Stadt in einem alten Bauernhof. Sie ist vierundachtzig Jahre alt, aber sie hilft noch bei allen Arbeiten mit. Sie arbeitet fast den ganzen Tag im Grünen. Oft denkt sie an Willi. Sie hat ihn noch nie gesehen.

Zu Willis siebtem Geburtstag entschließt sie sich, ihn zu besuchen. Der Vater und Willi holen sie vom Bahnhof ab. Sie bringt einen Korb voll Eier und Speck mit und Gläser mit eingemachten Kirschen. Für Willi hat sie noch ein besonderes Geburtstagsgeschenk: ein Tütchen mit braungelben Dingern, kaum so groß wie Willis Daumennagel.

„Was ist denn das?", fragt Willi.

„Junge", ruft die Urgroßmutter, „du wirst doch wohl erkennen, dass das Samenkörner sind!"

Aber Willi hat noch nie Samenkörner gesehen.

„Die steckt man in die Erde", erklärt die Urgroßmutter, „und sorgt dafür, dass die Erde feucht ist. Dann werden Pflanzen daraus. Dies ist kein gekaufter Samen, sondern selbst gezogener aus meinem Garten. Was für Pflanzen es werden, verrate ich dir nicht. Das soll eine Überraschung sein."

„Aber wir haben ja keine Erde hier", sagt Willi traurig.

„Wir tun den Samen eben in einen Blumentopf", sagt die Mutter. „Mit diesem Samen geht das nicht", meint die Urgroßmutter. „Warum, das werdet ihr selber bald sehen."

Nach zwei Tagen reist sie wieder heim.

Willi geht mit dem Samentütchen herum und lässt alle Kinder aus dem Häuserblock hineinschauen.

„In den Dingern ist ein Wunder drin", erklärt er. „Wenn man sie in die Erde legt, kommen richtige Pflanzen aus ihnen heraus."

„Glaub ich nicht", sagt die kleine Mia aus dem Hinterhaus.

„Wenn ich nur Erde hätte!", ruft Willi. „Dann könnte ich dir's beweisen."

Er schaut sich um. Mitten auf dem Hof ist eine Platte locker. Mit großer Mühe hebt er sie heraus. Dann kann er noch eine zweite und dritte und vierte Platte herauslösen. Aber darunter ist keine Erde, nur Sand.

Willi gibt nicht auf. Er holt eine alte Kohlenschippe aus dem Keller und schaufelt den Sand aus dem Loch. Unter dem Sand ist Erde. Willi tanzt vor Freude um das Loch herum und ruft den Vater. „Bist du verrückt, Junge?", schimpft er. „Was wird der Hausbesitzer sagen?"

„Aber ich brauche doch Erde für meinen Samen", klagt Willi. Da steht der Vater eine Weile stumm vor dem Loch und sagt dann: „Na ja. Wenn er's nicht erlaubt, müssen die Platten eben wieder rein."

Da springt Willi an seinem Vater hoch und küsst ihn vor Freude auf die Nase.

„Aber in dieser Erde wird nicht viel wachsen", sagt der Vater. „Purer Lehm. Den musst du erst auflockern – so tief, wie dein Arm reicht."

Den ganzen Nachmittag müht sich Willi mit seiner Schippe.
„Jetzt muss der Lehm mit Blumenerde gemischt werden", sagt der Vater und gibt Willi zwei Zweimarkstücke. Willi läuft in den Supermarkt und holt eine große Tüte Blumenerde.
Am nächsten Morgen mischt Willi die Blumenerde unter den Lehm. Jetzt ist kein Loch mehr da, sondern ein richtiges Beet. Und dann kommt der feierliche Augenblick: Willi steckt die Samenkörner in die Erde. Ein paar Kinder schauen zu. Da fängt es an zu regnen.
„Der Regen kommt wie gerufen", sagt der Vater. „Jetzt musst du warten."
Er klopft noch in alle vier Ecken des Beetes einen Holzpflock und spannt einen Draht darum.
Willi geht im ganzen Häuserblock von Tür zu Tür und sagt: „Ich habe ein Beet im Hof, in das habe ich meinen Geburtstagssamen hineingesät. Jetzt werden Pflanzen daraus wachsen. Bitte tretet nicht darauf."
Die meisten Leute versprechen, das Beet zu schonen.
Jeden Morgen läuft Willi hinunter auf den Hof und betrachtet sein Beet. Am neunten Tag zeigen sich vier grüne Sprösschen, am zehnten Tag kommen noch fünf dazu.
„Das Wunder fängt an!", ruft Willi der kleinen Mia zu.
Er holt Mutters Gießkännchen, das sie für ihre Topfblumen braucht, und gießt damit die jungen Pflänzchen. Jeden Tag wachsen sie ein Stück. Neun Pflanzen muss Willi behüten. Sie sind so verletzlich! Willi bastelt ein Schild und schreibt VORSICHT! darauf. Das Schild steckt er ins Beet. Trotzdem geschieht es, dass ein Hund auf eine der Pflanzen pisst. Davon geht sie ein. Zwei andere sterben im Auspuffgas eines Möbelwagens. Die vierte Pflanze verdorrt unter der Pfeifenasche eines Elektrikers. Über die fünfte rollt der Bäckerjunge auf seinem Fahrrad.
Aber vier Pflanzen bleiben leben. Sie wachsen immer rascher. Sie überholen Willi, ja sogar den Vater!
Ganz oben an den Stängeln bilden sich Knospen. Und dann, an einem blauen Sommermorgen, öffnen sich zwei Knospen zu riesigen Blüten.
„Es sind Sonnenblumen!", rufen die Leute von Fenster zu Fenster.
Am nächsten Tag blühen sie alle vier.
Gerade an diesem Tag kommt der Hausbesitzer, um nach dem Rechten zu sehen. Willis Vater wird nervös. „Oh", ruft der Hausbesitzer, „Sonnenblumen! Gute Idee, mitten auf dem Hof ein Beet anzulegen."
„Mein Junge hat diese Idee gehabt", sagt der Hausmeister.
„Warum macht er das Beet nicht etwas größer?", fragt der Hausbesitzer.
„So ein bisschen Grün im Hof wird sicher allen gefallen."
Am Abend schreibt Willi mit großen schiefen Buchstaben an seine Urgroßmutter: Es sind Sonnenblumen geworden. Danke! Und wenn ich groß bin, will ich Gärtner werden. Dein Willi

Gudrun Pausewang

Sei gepriesen

2. Sei gepriesen für Licht und Dunkelheiten!
Sei gepriesen für Nächte und für Tage!
Sei gepriesen für Jahre und Sekunden!
Sei gepriesen, denn du bist wunderbar, Herr!
Laudato si ...

3. Sei gepriesen für Wolken, Wind und Regen!
Sei gepriesen – du lässt die Quellen springen!
Sei gepriesen – du lässt die Felder reifen!
Sei gepriesen, denn du bist wunderbar, Herr!
Laudato si ...

4. Sei gepriesen für deine hohen Berge!
Sei gepriesen für Feld und Wald und Täler!
Sei gepriesen für deiner Bäume Schatten!
Sei gepriesen, denn du bist wunderbar, Herr!
Laudato si ...

5. Sei gepriesen – du lässt die Vögel singen!
Sei gepriesen, du lässt die Fische spielen!
Sei gepriesen für alle deine Tiere!
Sei gepriesen, denn du bist wunderbar, Herr!
Laudato si ...

6. Sei gepriesen, denn du, Herr,
schufst den Menschen!
Sei gepriesen – er ist dein Bild der Liebe!
Sei gepriesen für jedes Volk der Erde!
Sei gepriesen, denn du bist wunderbar, Herr!
Laudato si ...

7. Sei gepriesen – du selbst bist Mensch geworden!
Sei gepriesen für Jesus, unsern Bruder!
Sei gepriesen – wir tragen seinen Namen!
Sei gepriesen, denn du bist wunderbar, Herr!
Laudato si ...

8. Sei gepriesen – er hat zu uns gesprochen!
Sei gepriesen – er ist für uns gestorben!
Sei gepriesen – er ist vom Tod erstanden!
Sei gepriesen, denn du bist wunderbar, Herr!
Laudato si ...

9. Sei gepriesen, o Herr, für Tod und Leben!
Sei gepriesen – du öffnest uns die Zukunft!
Sei gepriesen, in Ewigkeit gepriesen.
Sei gepriesen, denn du bist wunderbar, Herr!
Laudato si ...

Zerstörung und Neubeginn

Sieger Köder, 1996

Ein Bild betrachten und deuten –
wie mache ich das?

> In „Religion entdecken – verstehen – gestalten" finde ich viele Abbildungen, darunter Gemälde, Skulpturen, moderne Kunst. Die Titel der Kunstwerke sind nicht genannt. Das ist Absicht. Ich kann mir selbst ein Bild machen.

- Ich betrachte das Bild und beschreibe – mir selbst und anderen – so genau wie möglich, was ich sehe. Das mache ich ganz sachlich – ich bewerte nichts.
- Ich horche in mich hinein: Wie empfinde ich? Was gefällt mir – warum, warum nicht? Ich suche Worte für meine Gefühle.
- Ich versuche zu deuten: Worauf bezieht sich das Bild? Was will es aussagen? Was hat es mit dem Thema zu tun, in dessen Zusammenhang ich es finde?
- Ich erfinde einen Titel für das Bild.
- Ich suche mir eine Lieblingsstelle: Wo oder wer auf dem Bild würde ich gern sein? Was würde ich denken, sagen, tun – verändern?

Aufgaben – Impulse – Projektideen

■ 21 BILD: ▶Betrachte und deute das Bild nach den Regeln von S. 35. ▶Das Bild könnte das erste eines Zyklus sein. Male ein mögliches Folgebild.

■ 22 ÜBER DIE ERDE: ▶Arbeite heraus, wie das Gedicht die Natur und den Menschen beschreibt. ▶Erkunde die Natur so, wie es in dem Gedicht beschrieben wird. Schreib danach auf, was du empfunden hast. ▶▶Erkundigt euch beim Förster oder im Rathaus, ob es im Wald einen Naturerlebnispfad gibt. Probiert ihn aus.

■ 23 BILD: ▶Schreibe auf der Grundlage des Bildes eine Schöpfungsgeschichte. ▶▶Lest euch gegenseitig eure Geschichten vor. Beantwortet jeweils zwei Fragen: Wer ist der Schöpfer? Welche Rolle hat der Mensch?

■ 24–25 GENESIS 1: ▶▶Schöpfung in sieben Schritten: Arbeitet heraus, was jeweils ähnlich ist. Lest in der Bibel nach, was im Buch ausgelassen wurde. ▶Illustriere den Text (Zeichnungen auf einem Extrablatt oder auf einer Kopie der Schulbuchseiten). ▶▶Lest den Text im Wechsel: Sprecher und Chor. ▶▶Diskutiert, wie die Herrschaft des Menschen über die Erde aussehen sollte. Bedenkt dabei zwei Fragen: Was ist der Mensch? Was kann/soll er tun?

■ 26 BILD: ▶„Ein düsteres Bild...!?" Überlege dir einen Titel. ▶Vergleiche das Bild mit der Schöpfung in Genesis 1.

■ 27 GENESIS 2: ▶Erstelle eine Tabelle, in der du die Unterschiede zwischen den beiden biblischen Schöpfungserzählungen gegenüberstellst. ▶▶Eine Bibel – zwei Schöpfungsgeschichten: Diskutiert, warum die Menschen beide Geschichten nebeneinander stehen gelassen haben. ▶Nimm eine große, blau ausgeschlagene Kiste (Müllsack-Material) und gestalte darin den Garten Eden.

■ 28 ISLAM: ▶Du hast die beiden biblischen Schöpfungsgeschichten miteinander verglichen. Ergänze deine Tabelle und stelle der Schöpfung in der Bibel die Schöpfung im Koran gegenüber. Achte dabei auch darauf: Was erfährst du über Gott, was über den Menschen? ▶Formuliere Fragen, auf die der Text eine Antwort gibt.

▪ 29 URKNALL: ▶Schlage Begriffe, die du nicht kennst, in einem Fremdwörterbuch nach. ▶Zeichne einen Zeitstrahl in dein Heft: Beginne unten mit dem Urknall. Trage die Stationen der Weltentstehung mit Zeitangaben bis heute ein. ▶Für viele große Wissenschaftler (z.B. Albert Einstein) waren die Erkenntnisse der Naturwissenschaften und der Glaube an einen Schöpfergott kein Widerspruch. Erläutere diese Ansicht.

▪ 30 FRÖSCHE: ▶„Die Jungen werfen mit Steinen nach Fröschen." – Schreibe den Satz zu einer Geschichte weiter. ▶▶Sammelt Situationen, in denen ihr euch ähnlich verhalten habt.

▪ 31–32 DAS WUNDER: ▶Lies bis „Am Abend schreibt Willi an seine Urgroßmutter". Schreibe an Willis Stelle den Brief. ▶▶Legt ein Beet an und pflanzt Samen ein. Beobachtet, wie sie sich entwickeln. Schreibt jeden Tag auf, was sich verändert hat. ▶▶Vergleicht die Jungen aus dem Gedicht „Humorlos" mit Willi. Verabredet einen Verhaltenscodex für eure Klasse. ▶▶Plant ein Projekt: „Unsere Schule ist umweltfreundlich".

▪ 33 LIED: ▶▶Lest und singt ☺ die Strophen. Haltet fest, welche Stimmung sie vermitteln. ▶▶Dichtet weitere Strophen.

▪ 34 BILD: ▶Vervollständige den Satz: „Ein Regenbogen steht für …" Beschreibe, wie sich das Bild verändern würde, wenn kein Regenbogen eingezeichnet wäre. ▶Das Bild wird in der Zeitung abgedruckt. Schreibe dazu einen Artikel. ▶▶Erzählt euch gegenseitig die Geschichte von der Arche Noah (Gen 7+8). Besprecht, wie das Wort „Arche" heute verwendet wird.

☺ bedeutet: „Singt das Lied!"

Entdeckt, verstanden, gestaltet

Den Schöpfer loben, die Schöpfung bewahren

Ich kann	■ Fragen stellen nach dem Ursprung der Welt, des Lebens, der Menschen und mir.
	■ eigene Antworten auf diese Fragen formulieren und
	■ sie mit den Antworten anderer vergleichen.
Ich habe	■ Schönes und Wunderbares in der Welt, die mich umgibt, wahrgenommen
und kann beschreiben,	■ wie aus dem Staunen Freude und Dankbarkeit erwachsen.
Ich kann	■ ein Loblied auf die Schöpfungstaten Gottes singen
und weiß,	■ dass Menschen zu allen Zeiten ihr Lob an Gott gerichtet haben.
Ich kenne	■ die beiden Schöpfungsgeschichten des Alten Testaments,
kann	■ sie nacherzählen und ihre Besonderheiten erklären.
Ich kenne	■ die Schöpfungsvorstellungen des Islam
und kann	■ sie mit denen der Bibel vergleichen.
Ich kenne	■ die naturwissenschaftliche Theorie von der Entstehung der Erde
und kann	■ sie mit dem Glauben an die Schöpfung vergleichen.
Ich kann	■ über den Glauben, dass Gott die Welt und alles Leben geschaffen hat, nachdenken und beschreiben, welche Wirkung so ein Glaube auf die eigene Lebenseinstellung haben kann.
Ich weiß,	■ dass alles Leben kostbar ist.
Ich weiß	■ von der Verantwortung, die Menschen für die Bewahrung der Schöpfung haben,
und kenne	■ Möglichkeiten, selbst für den Schutz der Umwelt einzutreten.

Abraham steht am Anfang

Wiener Genesis, um 550 n.Chr.

Und der Herr sprach zu Abram: Geh aus deinem Vaterland und von deiner Verwandtschaft und aus deines Vaters Hause in ein Land, das ich dir zeigen will.

> Und ich will dich zum großen Volk machen und will dich segnen und dir einen großen Namen machen und du sollst ein Segen sein.

Ich will segnen, die dich segnen, und verfluchen, die dich verfluchen; **und in dir sollen gesegnet werden alle Geschlechter auf Erden.**

Gen 12,1–3

Bericht eines Nomadenkindes

Ich gehöre zu einer großen Nomadensippe und will euch erzählen, wie wir leben. Wir werden *Nomaden* genannt, weil wir nicht in festen Häusern wohnen, sondern mit unseren Zelten umherziehen. Wir leben in der Steppe und es ist tagsüber sehr heiß bei uns. Die Sonne trocknet das Land aus und lässt das Gras vertrocknen. Deshalb müssen wir mit unseren Tieren, Schafen und Ziegen immer neue Weideplätze suchen, damit sie immer etwas zu fressen haben.

Unsere Zelte sind aus schwarzem Ziegenhaar gewebt und sehr schwer. Unser Zelt hat zwei Räume, einen für die Männer und einen für die Frauen und Kinder. Auf dem Boden liegen schöne bunte Teppiche, auf denen wir nachts schlafen.

Meine Mutter und meine Schwestern sorgen für das Essen, während die Männer auf die Tiere aufpassen. Die Männer kennen alle Brunnen und Wasserlöcher weit und breit. Das ist wichtig für unser aller Überleben. Die Frauen backen Brot aus selbst gemahlenen Körnern, Wasser und Salz. Der Teig wird geknetet und auf der Backplatte, einem großen Stein oder einer Metallplatte, über Feuer zu flachen Brotfladen gebacken. Dazu gibt es Milch und Ziegenkäse zum Abendessen.

Das Leben in der Steppe kann sehr gefährlich sein, denn es gibt Wölfe und Panther, die unsere Schafe und Ziegen fressen wollen.

NOMADENZELT

Habt ihr schon gehört von Abraham?

auch in 2 Gruppen zu singen (A/B)

Habt ihr schon gehört das Gotteswort:
Zieh aus deiner Freundschaft fort!
Ich will segnen, die dich segnen,
strafen, die dir schlecht begegnen.
Ist dein Nam' auch arm und klein,
soll allem Volk doch zum Segen sein.

T.: Joachim Kreiter, M.: Jan Wit

Nach diesen Geschichten begab sich's, dass zu Abram das Wort des HERRN kam in einer Offenbarung: Fürchte dich nicht, Abram! Ich bin dein Schild und dein sehr großer Lohn.

Abram sprach aber: HERR, mein Gott, was willst du mir geben? Ich gehe dahin ohne Kinder und mein Knecht Elieser von Damaskus wird mein Haus besitzen.

Und Abram sprach weiter: Mir hast du keine Nachkommen gegeben; und siehe, einer von meinen Knechten wird mein Erbe sein.

Und siehe, der HERR sprach zu ihm: Er soll nicht dein Erbe sein, sondern der von deinem Leibe kommen wird, der soll dein Erbe sein.

Und er hieß ihn hinausgehen und sprach: Sieh gen Himmel und zähle die Sterne; kannst du sie zählen? Und sprach zu ihm: So zahlreich sollen deine Nachkommen sein!

Gen 15,1–5

Hagar

Na, das hat Sara ja geschickt eingefädelt! Jetzt ist sie mich los, und nur, weil sie eifersüchtig ist, da ich Abraham zuerst einen Sohn geboren habe! Ja, mein Ismael ist Abrahams Erstgeborener. Aber das konnte Sara ja nie haben.

Es war doch ihre eigene Idee! Bei denen ist das wohl so Sitte, dass der Mann, wenn die Frau keine Kinder bekommen kann, mit einer anderen Frau ein Kind zeugt, das dann von der ersten Frau angenommen wird. Ja, und da hat Sara dem Abraham vorgeschlagen, er solle doch mit mir, der ägyptischen Magd, ein Kind zeugen. Abraham stimmte zu – wahrscheinlich zweifelte er inzwischen an Gottes Versprechen. So viele Jahre und noch immer keine Nachkommen. Als ich dann auch schwanger wurde, da wurde Sara ganz neidisch und ich wollte der unfruchtbaren Sara auch nicht mehr dienen, wo ich doch mit Abrahams erstem Kind schwanger war. Was glaubte sie eigentlich? Einmal bin ich vor Sara weggelaufen – in die Wüste. Ich wollte nicht, dass sie mich demütigt. Aber da hat der HERR durch einen Engel zu mir gesprochen und mir gesagt, ich soll zurückgehen und meinen Sohn, den ich gebären werde, soll ich Ismael nennen und er wird viele Nachkommen haben! Mit dieser Verheißung bin ich dann wieder zurückgegangen.

Tja, und dann hat Sara dreizehn Jahre später tatsächlich noch ein Kind bekommen – mit neunzig Jahren und Abraham war einhundert Jahre alt.

Von da an wurde es aber noch schlimmer! Die Kinder ärgerten sich natürlich auch mal, aber Sara passte ja so auf ihren Isaak auf und gestern hat Ismael mal den Isaak geärgert und schon rannte Sara wieder zu Abraham! Und was macht der? Der hat mich heute Morgen doch glatt mit Brot und einem Schlauch Wasser in die Wüste geschickt. Das ist wirklich das Letzte. Ich schenke ihm seinen ersten Sohn und den schickt er mit mir einfach weg – nur weil Sara eifersüchtig ist. Was soll ich denn jetzt nur machen?

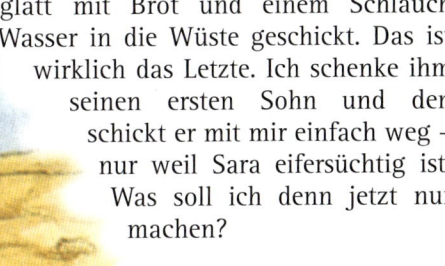

Hagar und Ismael

Hagar und Ismael hatten bald jeden Weg verloren. Da draußen in der Wüste gab es keinen Weg mehr. Ganz gleich, wohin man ging, jeder Schritt führte nur in den Tod. Nur wenige Stunden, nur wenige Tage, dann war das Brot aufgegessen und – noch schlimmer – das Wasser ausgetrunken. Und wo sollten sie hier in der Wüste zu essen und zu trinken finden? Ein paar dornige Sträucher wuchsen da, sonst nichts. Natürlich gab es auch hier ein paar Brunnenlöcher, zwar kein frisches Wasser, aber Regenwasser hatte sich drin gesammelt. Nur – Hagar wusste nicht, wo solche Brunnen waren. Es war, als hätten sich alle vor ihr versteckt und wollten heimlich zusehen, wie sie mit dem Kind elend in der Wüste starb.

PILGER IM TAL ZWISCHEN MARWA UND SAFA

Hagar konnte nicht mehr weiter. Das Kind wimmerte schon stundenlang vor Durst und sie hatten kein Wasser mehr. Der Schlauch war schlaff und leer. Anfangs war Ismael immer noch ein Stück gegangen, aber jetzt war er viel zu schwach dazu. Er würde verdursten. Er war schon nicht mehr richtig bei sich. Hagar hielt es nicht mehr aus. Fast warf sie Ismael unter einen Dornenstrauch. Da ließ sie ihn liegen und ging weiter. „Ich kann nicht mit ansehen, wie mein Kind stirbt", stöhnte sie. Aber weiter konnte sie auch nicht, das brachte sie doch nicht fertig. Nicht weit von Ismael setzte sie sich auf die Erde und weinte laut. Hatte Gott sie im Stich gelassen?

Nicht nur Hagar hörte Ismael jammern. Gott hörte ihn auch. Und Hagar hörte eine Stimme reden – kam sie vom Himmel? Die sagte: „Was hast du denn, Hagar? Hab keine Angst. Gott hat Ismael gehört. Steh auf und nimm dein Kind an die Hand und geh weiter. Ich will es zu einem großen Volk machen. Ismael soll nicht sterben, er soll leben. Und du auch."

Hagar schaute auf – und da sah sie einen Brunnen, ganz nah. Warum hatte sie den nur vorher nicht gesehen? Schnell stand sie auf, ging zum Brunnen, füllte Wasser in den Wasserschlauch und brachte Ismael zu trinken. Dort, wo Gott sie gerettet hatte, dort blieben sie, beim Brunnen des Lebens.

Albrecht Schmidt-Brücken

Sara

Es war Mittagszeit. Abraham saß vor seinem Zelt und schaute ins Land hinaus. Da sah er drei Männer kommen. Schnell stand er auf, lief ihnen entgegen und grüßte sie freundlich: „Willkommen! Seid meine Gäste! Setzt euch zu mir in den Schatten! Ruht euch ein wenig aus! Und stärkt euch, bevor ihr weiterzieht!"

Dann lief er zu Sara ins Zelt und bat sie: „Auf, eil dich! Nimm Mehl und back Brot!" Und seinem Knecht rief er zu: „Schnell, schlachte ein Kalb und mach einen zarten Braten!" Er selbst aber holte Milch und Butter herbei und bediente die Gäste. Aber wer waren die Fremden?

Abraham wagte nicht, sie zu fragen.

Als die drei gegessen hatten, fragte der eine von ihnen: „Wo ist deine Frau Sara?" „Drinnen im Zelt", antwortete Abraham erstaunt. Woher wusste der Fremde, wie seine Frau hieß? „Hör zu!", sagte der Fremde. „Ich habe eine gute Nachricht: Nächstes Jahr wird Sara einen Sohn haben."

Abraham war sprachlos. Was sagte der Fremde? Woher wusste er das? Und was würde Sara dazu sagen, wenn sie es hörte?

Kees de Kort, 1989

Aber Sara hatte es bereits gehört. Sie hatte heimlich hinter der Zeltwand gelauscht. „Was?", sagte sie zu sich und lachte leise in sich hinein. „Ich soll noch ein Kind bekommen? Ich bin doch viel zu alt."

„Warum lacht Sara?", fragte der Fremde. „Traut sie denn Gott nichts zu? Sollte ihm etwas unmöglich sein?"

Als Sara das hörte, kam sie aus dem Zelt und wehrte erschrocken ab: „Aber ich habe ja gar nicht gelacht!" „Doch", meinte der Fremde, „du hast wirklich gelacht."

nach Gen 18,1–15

Nicht-Opferung Isaaks in der Bibel

Obwohl Abrahams Glaube bereits durch das lange Warten auf die Geburt eines Sohnes auf die Probe gestellt war, entschied sich Gott für eine weitere Probe. „Nimm deinen Sohn Isaak auf einen Berg, den ich dir zeigen werde", sprach er, „und bringe ihn dort als Opfer dar."

Gehorsam brach Abraham am nächsten Morgen auf, begleitet von Isaak und zwei Dienern auf einem Esel, beladen mit Feuerholz für das Opfer. Drei Tage reisten sie, bis Abraham in der Ferne den von Gott ausgewählten Platz sah. Er und Isaak kletterten auf den Hügel, sie ließen die Diener zurück und trugen selbst das Holz und das Messer für das Opfer. „Vater", sagte Isaak verwirrt, „wir haben Feuer und Holz, wo aber ist das Lamm für das Opfer?" „Mein Sohn", sagte Abraham, „Gott wird sich ein Lamm aussehen."

Beide gingen weiter, bis sie die Stelle erreichten, die Abraham unwillkürlich als den Opferplatz erkannte. Mit schmerzendem Herzen und Geist erbaute der Vater aus den herumliegenden Steinen einen Altar, schichtete das Holz auf, band seinem Sohn Hände und Füße und hob ihn auf das Holz. Die Bibel sagt nichts über den Gram des Vaters und die Angst des Jungen, als er sah, dass er das Opfer war, aber man kann sich wohl leicht die schreckliche Szene vorstellen.

Dann streckte Abraham seine Hand nach dem Messer aus, um seinen Sohn zu schlachten. Er hob sie hoch und straffte sich für den Streich, als plötzlich eine Stimme vom Himmel her seinen Namen rief. „Tue dem Jungen nichts an! Gott weiß jetzt, dass du ihn wahrhaftig verehrst, da du ihm deinen einzigen Sohn nicht vorenthalten hast." Abraham blickte auf und sah eine Bewegung. Da war ein Widder mit seinen Hörnern im Dickicht gefangen. Er nahm das Tier und opferte es an Isaaks Stelle und nannte den Berg Jahwe-Jire, „Der Herr sieht vor".

Willi Hauck, nach Gen 22,1-14

Jan Lievens, um 1638

Und Abraham nannte die Stätte „Der HERR sieht".
Daher man noch heute sagt: Auf dem Berge, da der HERR sieht.

Und der Engel des HERRN rief Abraham abermals vom Himmel her

und sprach: Ich habe bei mir selbst geschworen, spricht der HERR: Weil du solches getan hast und hast deines einzigen Sohnes nicht verschont,

will ich dein Geschlecht segnen und mehren wie die Sterne am Himmel und wie den Sand am Ufer des Meeres, und deine Nachkommen sollen die Tore ihrer Feinde besitzen;

und durch dein Geschlecht sollen alle Völker auf Erden gesegnet werden, weil du meiner Stimme gehorcht hast.

So kehrte Abraham zurück zu seinen Knechten. Und sie machten sich auf und zogen miteinander nach Beerscheba und Abraham blieb daselbst.

Gen 22,14–19

Nicht-Opferung Ismaels im Koran

Und Abraham sagte: „Ich wende mich zu meinem Herrn, der mich leiten wird.

Mein Herr, gib mir einen frommen Sohn."

Darauf verkündigten wir ihm einen sanften Sohn.

Als dieser nun in die Jahre der Einsicht kam, da sagte Abraham zu ihm: „O mein Sohn, ich sah in einem Traum, dass ich dich zum Opfer darbringen soll; nun bedenke, was du davon hältst." Er aber antwortete: „Tu, mein Vater, wie dir geheißen worden ist, und du wirst mich, mit Allahs Willen, ganz geduldig finden."

Als sie nun beide sich dem göttlichen Willen unterworfen hatten, da legte er ihn aufs Angesicht.

Wir aber riefen ihm zu:

„Du hast hiermit bereits das Traumgesicht zur Erfüllung gebracht." Und so belohnen wir die Rechtschaffenen;

denn dies war offenbar ja nur Allahs Prüfung.

Wir lösten ihn aus durch ein anderes edles Opfer

und wir ließen ihm noch bei der spätesten Nachwelt den Segen zurück:

„Friede komme über Abraham."

Sure 37,100–110

Abraham steht am Anfang

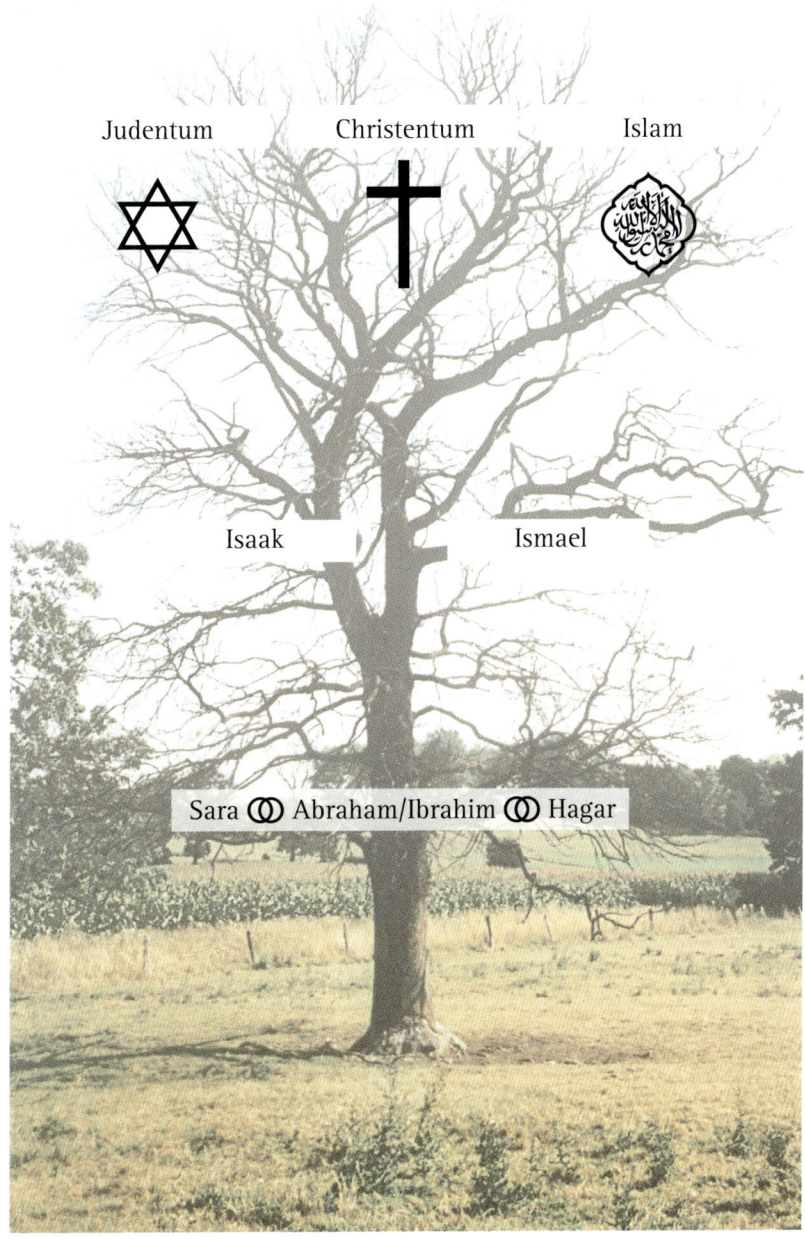

Das Opferfest der Muslime

Peter fragt seinen türkischen Freund Mehmed, ob er am nächsten Tag zu ihm zum Spielen kommt. Aber Mehmed muss absagen. Enttäuscht fragt Peter: „Warum denn nicht? Willst du nicht zu mir kommen oder darfst du nicht?" „Ich darf schon, aber morgen feiern wir das Opferfest", antwortet Mehmed. „Das Opferfest? Was ist das?", fragt Peter. „Das Opferfest ist ein großes Familienfest. Viele unserer Verwandten kommen und wir Kinder bekommen Geschenke." „Das hört sich ja an wie Weihnachten. Wieso heißt es denn Opferfest?" „Weil wir an dem Tag an Ibrahim und Ismael denken. Ibrahim sollte seinen Sohn Ismael auf Allahs Befehl hin opfern." Peter schaut etwas verwirrt: „Moment, die Geschichte kommt mir doch bekannt vor, aber es war Isaak, der von Abraham geopfert werden sollte."

Mehmeds Vater hört die Unterhaltung und erklärt: „Ibrahim und Abraham sind ein und dieselbe Person. Die Juden und Christen sagen Abraham und wir Muslime Ibrahim. Bei euch wird berichtet, dass Isaak das Opfer sein sollte und bei uns war es Ismael, der Vater der Araber." Peter und Mehmed schauen sich an. „Dann haben wir eine Geschichte gemeinsam?", fragt Peter. „Es sind sogar mehrere", antwortet Mehmeds Vater. Peter fragt: „Und was passiert bei dem Opferfest?" Mehmed sieht seinen Vater erwartungsvoll an. Der erklärt:

„Ungefähr zwei Monate nach dem Fastenmonat Ramadan beginnt für viele Muslime die große Wallfahrt nach Mekka. Jeder Muslim soll einmal im Leben nach Mekka pilgern. Am siebten Tag der Wallfahrt feiern die Muslime das Opferfest zur Erinnerung an Ibrahim, der seinen Sohn Ismael auf Allahs Befehl hin zu opfern bereit war.
Aber nicht nur die Pilger feiern dieses Fest, sondern alle Muslime auf der ganzen Welt, jeder dort, wo er lebt.
Für dieses Fest, das vier Tage dauert, werden auf der ganzen Welt Opfertiere, zumeist Schafe, geschlachtet.
Wer keine Möglichkeit zum Schlachten hat, kauft das Fleisch bei einem muslimischen Metzger. Das Fleisch wird traditionell in drei Teile aufgeteilt, die an die Nachbarn, an Arme und Bedürftige und an die Familie verteilt werden."

Erinnerung an Abraham und Isaak bei den Juden

In jüdischen Gottesdiensten wird auch heutzutage immer wieder an Abrahams Glaubensgehorsam erinnert. Abraham war bereit, seinen Sohn Isaak für Gott zu opfern.

In jüdischen Gottesdiensten wird der *schofar,* ein Widderhorn, geblasen.

Als Abraham seinen Sohn Isaak opfern wollte, wurde er im letzten Augenblick gerettet und ein Widder, der sich mit seinen Hörnern in einem Busch verfangen hatte, wurde Abraham als Ersatzopfer gegeben. Zur Erinnerung an diesen Widder wird ein Widderhorn in den Gottesdiensten an *Rosch ha-Schana* (Neujahrsfest) und *Jom Kippur* (Versöhnungstag) geblasen.

Es gibt drei verschiedene Spielweisen für den *schofar:*
einen lang anhaltenden Ton, wie ein Schreckruf – die *tekia*;
lange, unterbrochene Klänge, wie Seufzen – die *schewarim* – und kurze, abgehackte Töne, wie Schluchzen – die *trua.*

Zwei dieser drei Spielweisen (*tekia, trua*) sind schon in der Bibel (Num 10,5–8) erwähnt. Nach Ps 89,16 wird das Anhören des *schofars* als Segnung angesehen.

SCHOFAR

Gebete

Du Gott des Aufbruchs
... segne mich,
wenn ich dein Rufen vernehme, wenn deine Stimme lockt,
wenn dein Geist mich bewegt zu Aufbruch und Neubeginn.
... begleite und behüte mich,
wenn ich aus Abhängigkeiten entfliehe, wenn ich mich von
Gewohnheiten verabschiede,
wenn ich festgetretene Wege verlasse, wenn ich dankbar
zurückschaue und doch neue Wege gehe.
... wende mir dein Antlitz zu,
wenn ich Irrwege nicht erkenne, wenn Angst mich befällt,
wenn Umwege mich ermüden, wenn ich Orientierung suche
in den Stürmen der Unsicherheit.
... leuchte auf meinem Weg,
wenn die Ratlosigkeit mich fesselt, wenn ich fremdes Land betrete,
wenn ich Schutz suche bei dir, wenn ich neue Schritte wage
auf meinen Reisen nach innen.
... mache mich aufmerksam,
wenn ich mutlos werde, wenn mir Menschen begegnen,
wenn meine Freude überschäumt, wenn Blumen blühen,
die Sonne mich wärmt, Wasser mich erfrischt,
Sterne leuchten auf meinem Lebensweg.
... sei mit mir unterwegs zu mir selbst,
zu den Menschen, zu dir.

Peter Müller

Im Namen Allahs, des Allbarmherzigen.
Alles, was in den Himmeln und auf Erden ist, preist Allah.
Sein ist das Reich und ihm gebührt Lob; er ist aller Dinge mächtig.
Er ist es, der euch erschaffen hat, und wenn einige
von euch ungläubig,
andere gläubig sind, so sieht Allah all euer Tun.
Er hat die Himmel und die Erde in Wahrheit geschaffen,
er hat euch gebildet und euch eine schöne Gestalt gegeben
und zu ihm kehrt ihr zurück.
Er weiß, was in den Himmeln und was auf Erden ist
und was ihr verheimlicht und was ihr kundtut;
denn Allah kennt das Innerste des menschlichen Herzens.

Koran: Sure 64,1–5

Texte lesen und verstehen – wie mache ich das?

Hin und wieder stoße ich in „Religion entdecken - verstehen - gestalten" (und anderswo) auf Texte, die mir auf den ersten Blick lang und schwer vorkommen. Dann hilft die sogenannte 5-Gang- oder 5-Schritt-Lesetechnik.

- Ich schaue mir die Überschrift und Zwischenüberschriften oder besonders markierte Stellen im Text an. Das gibt mir einen ersten Eindruck: Worum geht es? Worauf kommt es an?
- Ich überlege: Was weiß ich bereits über das Thema des Textes? Was sollte ich noch wissen? Ich lege mir Fragen zurecht.

- Nun lese ich den Text gründlich. Ich lasse mich von meinen Fragen leiten. Ich mache nach jedem Abschnitt eine Lesepause und überlege nochmals, was ich gelesen habe. Wenn ich etwas in einem Text nicht verstehe, markiere ich es und schlage in einem Lexikon nach, suche im Internet oder frage meine Lehrer oder Eltern.
- Ich lese den Text noch einmal und mache mir Stichpunkte (Bei Kopien kann ich unterstreichen!). Ich kann auch eine Mindmap anlegen.
- Zum Schluss gehe ich die Punkte meiner Notizen noch einmal durch. Hilfreich ist es, den Inhalt des Textes anhand der Notizen laut zu wiederholen. Ich kann auch eine Zusammenfassung schreiben.

Ähnlich kann ich mit **Bibeltexten** umgehen. Schritt 2, Fragen formulieren, kann vielleicht manchmal etwas schwierig sein. Wichtig ist hier auch, dass ich Dinge, die ich nicht verstehe, markiere und kläre.

Aufgaben – Impulse – Projektideen

■ 39 FOTO: ▶▶Tragt zusammen, was ihr über Abraham wisst. Das Foto führt in seine Welt.

■ 40 BILD: ▶Beschreibe Abrahams Haltung auf dem Bild und stelle eine Beziehung zu dem Bibeltext her. ▶▶Spielt eine Szene in einer Familie, die aus ihrem Heimatort wegziehen muss, weil die Großmutter in einer anderen Stadt nicht mehr allein in ihrem großen Haus leben kann und die Familie keinen Platz für die Großmutter hat. Findet – in Gruppen – Gründe der Familienmitglieder für oder gegen den Umzug.

■ 41 NOMADENKIND: ▶Suche aus dem Text den Satz heraus, der den größten Unterschied zwischen deinem Leben und dem Leben des Nomadenkindes beschreibt. Vergleicht eure Ergebnisse, tragt die möglicherweise unterschiedlichen Sätze zusammen. ▶Schreibe einen Dialog zwischen Abraham und seiner Frau Sara, in dem Abraham ihr von Gottes Aufforderung erzählt.

■ 42 BIBELTEXT: ▶Vergleiche Gen 12,1–4 und Gen 15,1–5 unter folgenden Fragestellungen: 1. Was tut Gott? 2. Wie reagiert Abraham? 3. Was wird verheißen?

■ 43 HAGAR: ▶Beschreibe Hagars Gefühle in dieser Geschichte. ▶Gib die Verheißung an Hagar für Ismael mit eigenen Worten wieder. ▶▶Erörtert, was Hagar in dieser Situation tun kann. ▶Beschreibe oder erfinde Situationen, in denen du oder jemand anderes „in die Wüste geschickt wurde". ▶▶Malt ein großes Wüstenbild! (Für die Arbeit am nächsten Text aufbewahren!) Legt das Bild in die Mitte eines Stuhlkreises. – Was wünschen sich Menschen in der Wüste? Schreibt ihre Wünsche und Bitten auf Zettel und legt sie um oder auf das Wüstenbild.

■ 44 HAGAR UND ISMAEL: ▶Beschreibe, was die Quelle für Hagar und Ismael bedeutet. ▶▶Legt euer Wüstenbild wieder in die Mitte. Malt die Quelle auf das Bild oder stellt eine Schüssel mit Wasser darauf. Schreibt auf „Wassertropfen-Zettel", was eure Quellen oder Hoffnungsschimmer sind. Nennt Hoffnungslieder, die dazu gesungen werden können.

■ 45 SARA: ▶Lies den Text und erkläre, warum Sara lacht. ▶Beschreibe, wie sich Abraham gegenüber seinen Gästen verhält. – Wie verhältst du dich, wenn du Gäste hast? Vergleiche. ▶▶Ein Gastmahl in der Klasse: Backt Fladenbrot und brecht es miteinander.

▪ 45 BILD: ▸Beschreibe, welche Personen auf dem Bild dargestellt sind. Male ein Beziehungsdreieck der Personen auf dem Bild. ▸Beschreibe, welche Wirkung die Farben des Bildes auf dich haben.

▪ 46 ISAAK: ▸Nenne deine ersten Gedanken zu dieser Geschichte. ▸Lies genau: Schreibe heraus, wo im Text die Haltung des Erzählers hinter der Geschichte zum Vorschein kommt. ▸Schreibe einen Brief an Gott, in dem du ihm deine Haltung zu solch einer „Probe" deutlich machst.

▪ 47 BILD: ▸Vergleiche dieses Bild mit deiner eigenen Idee zur Darstellung der Szene oder mit anderen Bildern (z.B. von Rembrandt).

▪ 48 KORAN: ▸Vergleiche den Koran-Text mit dem Bibel-Text. Achte besonders auf Abrahams und Ismaels Verhalten. ▸Vergleiche das Bild mit dem von Jan Lievens (S. 47). Welches Bild würdest du dir lieber kaufen oder aufhängen? Nenne Gründe.

▪ 49 BILD: ▸Erkläre das Bild und seine Überschrift. ▸Zeichne zu derselben Überschrift ein anderes Bild.

▪ 50 OPFERFEST: ▸▸Fragt türkische Mitschüler/innen oder Mitbürger/innen, wie sie das Opferfest hier in Deutschland feiern. Bereitet einen Vortrag vor.

▪ 51 JUDENTUM: ▸▸Informiert euch arbeitsteilig über die jüdischen Festtage Rosch-ha-Schana bzw. Jom-Kippur. Berichtet einander anschließend, was ihr herausgefunden habt.

▪ 52 GEBETE: ▸Lies die Gebete. Gib jeweils an, was über Gott ausgesagt wird. ▸Bring beide Gebete mit dem in Verbindung, was du über Abraham gelernt und erfahren hast. ▸Wähle einen Abschnitt aus einem der Gebete aus, der dich besonders anspricht. Schreibe ihn ab und gestalte ihn als Lesezeichen für dein Religionsbuch (z.B.).

Entdeckt, verstanden, gestaltet

Abraham – in Judentum, Christentum und Islam

Ich kann	■ beschreiben, was es bedeutet, aus dem vertrauten Alltag herausgerufen zu werden.
	■ erläutern, wem ich vertrauen, folgen, glauben würde.
	■ mit anderen über Abrahams Glauben und über Abrahams Zweifel sprechen.
	■ Abrahams Erfahrungen mit eigenen und anderen vergleichen.
Ich habe und kann beschreiben,	■ mich mit dem Leben der Nomaden zur Zeit Abrahams beschäftigt
	■ was für ein großer Schritt ein Aufbruch in die Fremde damals war.
Ich kann und weiß,	■ Hagars Not und Saras Bitterkeit beschreiben
	■ dass beide die Erfahrung machten, getröstet und befreit zu werden.
Ich kenne und kann	■ die Geschichte von Abrahams Berufung
	■ die Segensworte aus Gen 12,2 nennen.
Ich kenne und kann	■ die Geschichte von Isaaks Nichtopferung
	■ erläutern, wie Juden und Christen sie deuten.
Ich kenne und kann	■ die Bedeutung von Hagars Sohn Ismael für den Islam
	■ mithilfe der Geschichte von Ismaels Nichtopferung das muslimische Opferfest erklären.
Ich weiß,	■ dass die Geschichten von Abraham die drei Religionen Judentum, Christentum und Islam miteinander verbinden.

Exodus – Aufbruch in ein neues Land

BOAT PEOPLE

Ein Volk wird unterdrückt

Vor vielen Jahren waren die israelitischen Stämme als umherziehende Schafhirten in das mächtige Ägypten eingewandert. Das Königreich am Nil hatte saftige Weiden für ihre Tiere. So wuchsen die einzelnen Familien schnell zu einem großen Volk heran. Sie nannten sich *Hebräer* oder auch *Israeliten.* Das gefiel den Ägyptern gar nicht, so ein fremdes Volk in ihrem Land! Deshalb setzte ihr Pharao, so nannten die Ägypter ihren König, Ägypter als Aufpasser über die Israeliten ein, die sie wie Sklaven zu schweren Arbeiten zwingen sollten. Sie mussten auf den Feldern arbeiten, Lehmziegel formen und brennen und ganze Städte bauen.

nach Ex 1,1–10

DIORITSTATUE DES PHARAO CHEPHREN

GRABMALEREI, CA. 1400 V.CHR.

Mose

Trotz dieser Unterdrückung wurde das Volk Israel immer größer und die Angst der Ägypter wuchs deshalb noch mehr. Nun erließ der Pharao einen grausamen Befehl: Jedes männliche Kind, das bei den Israeliten geboren würde, sollte sofort getötet werden. Eine Mutter versteckte daraufhin ihren eben geborenen Sohn. Sie flocht einen Korb, machte ihn wasserdicht und verbarg das Kind darin im Schilf am Nil. Ihre große Tochter Mirjam sollte heimlich in der Nähe des kleinen Bruders bleiben und auf ihn achten. Ausgerechnet die Tochter des Pharao war es, die bald darauf an diese Stelle am Nil kam, um mit ihren Freundinnen zu baden. Sie entdeckte das Körbchen und ließ es von einer Dienerin holen. Sofort wusste sie, hier war ein hebräisches Kind versteckt worden, doch sie hatte Mitleid mit dem Kleinen. Gespannt hatte die Schwester des Jungen aus ihrem Versteck heraus das Geschehen beobachtet. Sie trat schnell hinzu und bot der Prinzessin an: „Soll ich eine hebräische Amme für das Kind suchen?" Die Prinzessin war erfreut über den Vorschlag und das Kind konnte unter ihrem Schutz bei seinen Eltern aufwachsen.

nach Ex 1,15–2,10

Viele Jahre später. Mose musste zur Schule gehen und lesen und schreiben lernen. Er lebt als Prinz im Palast des Pharao. Eines Tages fährt er durch die Stadt…

…und kommt auch dorthin, wo hebräische Sklaven arbeiten. Er sieht, wie hart sie schuften müssen. Plötzlich ein Schrei…

Mose springt von seinem Wagen, um zu sehen, was los ist.
Er sieht, wie ein Ägypter einen Hebräer verprügelt.

Mose packt die Wut. Er schlägt den Ägypter nieder.

Er hat den Aufseher getötet!

Was für ein Feuer

Sieger Köder, 1989

Fürchte dich nicht

Fürchte dich nicht, getragen
von seinem Wort, von dem du lebst.
Getragen von seinem Wort.
Von ihm lebst du.

Fürchte dich nicht, gesandt
in den neuen Tag, für den du lebst.
Fürchte dich nicht, gesandt
in den neuen Tag. Für ihn lebst du.

T./M.: Fritz Baltruweit

Mose ist kein Held

Mose hatte Glück, er konnte aus Ägypten entkommen. Er fand Arbeit bei dem Hirten Jitro und heiratete bald darauf dessen Tochter Zippora. Wieder vergingen Jahre. Noch immer stöhnten die Hebräer über ihr unerträgliches Leben als Sklaven in Ägypten.

Eines Tages weidete Mose die Schafe und Ziegen seines Vaters am Berg Horeb.

Da sah er einen brennenden Dornbusch. Verwundert trat Mose näher.

Es war Gott, der aus dem brennenden Dornbusch zu ihm sprach: „Mose! Mose!" Er antwortete: „Hier bin ich." Gott befahl ihm: „Komm nicht näher heran! Lege deine Schuhe ab, denn der Ort, auf dem du stehst, ist heilig." Mose verhüllte sein Gesicht, er fürchtete sich, Gott anzuschauen.

Gott sprach: „Mein Name ist: Ich bin für euch da. Ich habe das Elend meines Volkes gesehen. Ich bin da, um euch aus der Hand der Ägypter zu befreien. Und jetzt geh. Ich sende dich zum Pharao. Führe mein Volk aus Ägypten heraus!" Mose aber wehrte sich gegen diesen Auftrag: „Herr, ich bin kein beredter Mann, ich war es nie. Schwerfällig ist mein Mund und meine Zunge." Doch Gott sagte: „Ich werde mit dir sein und dich lehren, was du sagen sollst." Mose gab seinen Widerstand nicht auf und bat: „Ach Herr, sende doch, wen du willst, nur nicht mich." Da wurde Gott zornig auf Mose, trotzdem sprach er weiter zu ihm: „Ich werde dir deinen Bruder Aaron zum Helfer geben. Ich weiß, dass er beredt ist. Ich will mit deinem und seinem Mund sein und euch lehren, was ihr tun sollt." Da endlich ging Mose heim.

nach Ex 3-4

Wechselnde Pfade

62 T./M.: unbekannt

Pharao gegen Gott

Aaron wartete schon auf Mose. Die beiden berieten, was sie dem Pharao mitteilen wollten. Gott hatte Mose einen gefährlichen Auftrag gegeben. Der Pharao lehnte die Bitte natürlich ab. Auch die schrecklichen Plagen, die Gott schickte, stimmten ihn zunächst nicht um. Nach der neunten Katastrophe gab Gott den Israeliten genaue Anweisungen, wie sie sich vor der zehnten Plage schützen konnten:

1. Nehmt ein Lamm
2. Schlachtet das Tier und streicht etwas Blut an den Rahmen der Haustür
3. Bratet das Fleisch und esst es mit Kräutern und ungesäuertem Brot
4. Haltet euch zum Aufbruch bereit

nach Ex 4-13

Esben Hanefelt Kristensen, 1992

Liebe Svenja,   Tel Aviv, 12.03.2006

du möchtest etwas über die Sederfeier erfahren?

Wie praktisch, dass du eine Freundin hast, die in Israel wohnt. Du weißt, wir feiern das Passafest zur Erinnerung an den Auszug des Volkes Israel aus Ägypten.
Die Feier dauert eine Woche lang, am feierlichsten geht es am ersten Abend, dem Sederabend, zu.

Der Tisch wird für den Sederabend besonders festlich gedeckt. Mutter zündet Kerzen an. Vier Becher Wein werden während der Mahlzeit getrunken und zu jedem sagt mein Vater einen Spruch aus der Bibel, der von der Befreiung Israels aus Ägypten handelt.

Darüber wundern wir Kinder uns und stellen Fragen, zum Beispiel zur Bedeutung der Speisen. Vater beantwortet unsere Fragen: „Das ungesäuerte Brot (Mazzen) erinnert an den schnellen und hastigen Aufbruch aus Ägypten, bei dem nicht mehr Zeit war, den Sauerteig aufgehen zu lassen. Der Knochen mit gebratenem Fleisch erinnert an das Lamm, das in der ersten Passanacht geschlachtet wurde, die bitteren Kräuter an die bitteren Sklavenjahre in Ägypten, das bräunliche Mus an den Lehm, aus dem die Israeliten für die Ägypter Ziegel formen mussten. Das Salzwasser erinnert an die vielen Tränen, die die Israeliten wegen der Grausamkeiten der Ägypter geweint haben."

Natürlich fragen wir Kinder viel mehr und Vater erzählt dann noch einige andere Geschichten aus dem Buch Mose.

Jetzt rate mal, was „Seder" heißt: Es bedeutet „Ordnung", denn alles an diesem Abend läuft jedes Jahr immer wieder in dieser festgelegten Reihenfolge ab. Und weißt du was? Dieses Ritual ist voll in Ordnung!

Deine Hannah

Hartmut R. Berlinicke, 1986

Aufbruch und Flucht

Rita Frind, 1994

Endlich lässt der Pharao das Volk Israel ziehen. Doch schon bald tat es ihm Leid, dass er ihnen die Erlaubnis zum Auszug gegeben hatte. Er beschloss, sie wieder in seine Gewalt zu bringen. Schon nach wenigen Tagen hatte er mit seinen gut gerüsteten Kampfwagen die nur langsam dahinziehenden Israeliten am Ufer des Schilfmeeres eingeholt. Viele unter ihnen waren nun unsicher geworden, sollten sie nicht lieber wieder nach Ägypten zurückkehren? Es stimmte zwar, das Leben dort war sehr hart gewesen, aber man war doch meistens einigermaßen über die Runden gekommen. Jetzt hetzten die ägyptischen Soldaten hinter ihnen her; ja, selbst wenn sie ihnen entkamen, was würde sie für ein Leben in der Wüste und in fremden Ländern erwarten?

nach Ex 13,17–14,12

Rettung

Die Israeliten fluchten und schimpften auf Mose, der ihnen das eingebrockt hatte. Waren sie zum Sterben ausgezogen? Da war es doch besser, weiter als Sklaven in Ägypten zu leben, als jetzt erschlagen zu werden oder im Meer zu ertrinken.

Mose beruhigte das Volk: „Fürchtet euch nicht! Der Herr wird für euch streiten."

Dann streckte er auf Gottes Befehl seine Hand über das Meer. Ein starker Sturm setzte ein, der die Fluten des Meeres zurücktrieb.

So entstand eine Furt, durch die das ganze Volk trockenen Fußes bis zum anderen Ufer ziehen konnte. Die Ägypter aber sahen nichts davon, denn eine Wolkensäule, in der Gott verborgen war, hatte sich zwischen die Völker geschoben.

Am anderen Ufer streckte Mose wieder seine Hand aus. Die gewaltigen Wassermassen schlugen über den Ägyptern zusammen und begruben das gesamte Heer unter sich. Da nahm die Schwester Moses, Mirjam, eine Pauke in die Hand, tanzte, sang und dankte Gott:

> „Lasst uns dem Herren singen,
> denn er hat eine herrliche Tat getan,
> Ross und Mann hat er ins
> Meer gestürzt."

nach Ex 14–15,21

Sieger Köder, 1996

Die Wüstenwanderung

Paul Klee, 1919

Lang und beschwerlich sollte der Weg durch die Wüste für die Israeliten noch werden. Immer wieder klagten sie über Hunger und Durst.

Doch Aaron und Mose wiesen das Volk zurecht: „Gott wird euch ernähren und vor Gefahren bewahren, wo ist euer Vertrauen?"

Tatsächlich kam immer Hilfe von Gott. Einmal war es ein Wachtelschwarm, der vor dem Hunger rettete, ein andermal lagen am frühen Morgen süße Körner auf dem Wüstenboden; die Israeliten nannten diese Speise Manna, das bedeutet: Brot vom Himmel.

Oft fehlte es an Wasser und sie fanden keine Quelle oder Brunnen. Da machte Mose aus bitterem Wasser Trinkwasser. Trotz dieser Hilfe waren die Israeliten oft verzagt und klagten immer wieder: „Wären wir doch in Ägypten geblieben! Dort gab es gefüllte Fleischtöpfe. Wo bleibt das Gelobte Land? Mose und Aaron, ihr habt uns nur in die Wüste geführt, damit wir verhungern!" Es ist schwer, in der Wüste den Mut und die Hoffnung nicht zu verlieren.

nach Ex 16-17

Die 10 Gebote

Gott führte die Israeliten weiter durch die Wüste, bis zum Berg Sinai. Dort befahl er Mose zu sich auf den Berg und teilte ihm mit, nach welchen Gesetzen das Volk von nun an leben sollte.

Martin Luther hat in seiner Zeit die Gebote, die aus diesen Gesetzen herausragen, so formuliert:

Marc Chagall, 1954–67

I. Ich bin der **Herr**, dein **Gott**. Du sollst nicht andere **Götter** haben neben mir.

II. Du sollst den Namen deines **Herrn** und **Gottes** nicht unnütz führen;
denn der Herr wird den nicht ungestraft lassen, der seinen Namen missbraucht.

III. Du sollst den **Feiertag** heiligen.

IV. Du sollst deinen **Vater** und **Mutter** ehren, auf dass es dir wohl ergehe und du lange lebst auf Erden.

V. Du sollst **nicht töten**.

VI. Du sollst **nicht ehebrechen**.

VII. Du sollst **nicht stehlen**.

VIII. Du sollst nicht **falsch Zeugnis** reden wider deinen Nächsten.

IX. Du sollst nicht **begehren** deines Nächsten Haus.

X. Du sollst nicht begehren deines **Nächsten Weib**, Knecht, Magd, Vieh und alles, was sein ist.

So im Kleinen Katechismus Martin Luthers

Ein „richtiger" Gott?

Emporenbild Martinskirche, Hannover-Linden

Das Volk wartete 40 Tage lang auf Moses Rückkehr. Es wurde unruhig und fühlte sich von Gott und Mose verlassen. Immer lauter forderte es: „Wir wollen einen richtigen Gott, einen, den wir sehen und anfassen können, der soll uns aus der Wüste führen!" Schließlich ging Aaron darauf ein. Die Frauen brachten ihm ihren Schmuck und er fertigte daraus ein goldenes Kalb. Die Israeliten feierten und jubelten: „Das ist unser Gott, der uns aus Ägypten befreit hat!" Als Mose vom Berg herabstieg, hörte er schon von Weitem das Geschrei. Wütend zerschlug er die Gesetzestafeln, die er von Gott erhalten hatte.

Später wurden Gottes Gebote noch einmal auf steinerne Gesetzestafeln geschrieben und Mose ließ auf Gottes Befehl eine Lade anfertigen, in der das Volk sie immer mit sich tragen konnte. Gott hatte seinem Volk Regeln gegeben, die ihm halfen, das Zusammenleben sinnvoll zu gestalten.

nach Ex 19–20; 32 und Dtn 5

Ein Standbild bauen –
wie mache ich das?

Manche Dinge lassen sich besser zeigen und probieren als besprechen. In solchen Fällen können wir aus lebenden Personen ein stehendes Bild aufbauen.

- Wir entscheiden uns für ein Thema – Vorlage kann sein: ein Bild, eine Situation, ein Problem, z.B. das Grabrelief aus Ägypten, S. 58.
- Wir bestimmen eine/n Regisseur/in.
- Ich (als Regisseur) überlege mir, wie und mit wem ich mein Bild „bauen" will, und suche mir die Spieler/innen, die zum Bauplan „passen".
- Ich bitte meine Mitspieler und Zuschauer, genau zu beobachten, was geschieht.
- Während der Bauphase sprechen wir nicht!
- Ich baue das Bild langsam und schrittweise auf.
- Ich überlege genau, wo die Personen stehen, wie sie stehen, sitzen, liegen.
- Ich forme die Körperhaltung und den Gesichtsausdruck.

- Ich bin mit dem Standbild fertig und alle Mitspieler „erstarren" etwa 30 Sekunden lang; wenn möglich, können wir ein Foto machen.
- Ich erkläre mein Bild und teile meinen Zuschauern mit, wie ich meine Ideen umsetzen konnte oder auch nicht.
- Wir, die Mitspieler im Bauprozess, berichten über unsere Erfahrungen.
- Wir, die Beobachtenden, beschreiben genau, was wir gesehen haben und welche Vorstellungen das Standbild bei uns hervorgerufen hat.

Aufgaben – Impulse – Projektideen

■ 57 FLÜCHTLINGE: ▶Beschreibe, was auf dem Bild zu sehen ist. ▶▶Tauscht Vermutungen über die abgebildete Situation aus. ▶▶Gestaltet ein Hörspiel oder Rollenspiel: Vor dem Aufbruch.

■ 58 GRABMALEREI: ▶Zeichne Denk- und Sprechblasen in eine Kopie des Bildes: Was mögen die Arbeiter und der Aufseher gedacht, geflüstert oder gesagt haben? ▶▶Gestaltet ein Standbild zu der Grabmalerei.

■ 59 MOSE: ▶Moses Mutter betet …: Schreibe aus dem Psalm 22 (S. 136) eine passende Stelle heraus und/oder formuliere einen eigenen Text.

■ 59–60 MOSE-COMIC: ▶Entwirf ein Fahndungsplakat, das der Pharao in Ägypten ausgehängt haben könnte. Was wird Mose vorgeworfen? Wohin ist er vermutlich geflohen?

■ 61–62 DER BRENNENDE DORNBUSCH: ▶▶Zeichnet eine Tabelle und sammelt Beispiele für Leben erhaltende und bedrohende Seiten eines Feuers. ▶Nimm einen Spiegel und lies, was Gott Mose aus dem Feuer heraus mitteilt. ▶Zeichne die Flammen eines Feuers auf ein DIN-A4-Blatt und schreibe den Zuspruch und Auftrag Gottes an Mose dort hinein. ▶▶Zündet eine Kerze an und singt ☺ gemeinsam den Kanon „Wechselnde Pfade". Geht dabei vorsichtig durch euer Klassenzimmer und tauscht die Kerzen miteinander.

■ 63 DIE PLAGEN: ▶Suche die 10 Plagen in der Bibel unter Ex 7–12 und schreibe sie in der dort angegebenen Reihenfolge heraus.

■ 64–65 HANNAS BRIEF: ▶▶Ordnet zu: Wo sind die Dinge, die Hanna in ihrem Brief erwähnt, auf dem Bild zu sehen? ▶▶Entwerft ein Memoryspiel zum „Sederfest". Auf das erste Kärtchen zeichnet ihr ein Bild, auf das zweite Kärtchen eine Erklärung dazu.

■ 66–67 AUFBRUCH/RETTUNG: ▶Lies die Psalmworte im Kapitel „Angst und Geborgenheit" (S.134/135); zeichne das Bild von Rita Frind nach und schreibe passende Psalmworte hinein. ▶▶Zeichnet zwei Wellenberge, getrennt durch einen breiten Weg, auf ein großes Plakat. Sammelt Bilder, die zeigen, was uns Menschen heute bedroht. Klebt sie zu einer Collage zusammen und schreibt Hoffnungsworte aus Psalmen (S. 135) auf den Mittelweg. ▶Dichte wie Mirjam (z.B. in Form eines Elfchens) ein kurzes Danklied zur Rettung der Israeliten. ▶▶Interview mit Sieger Köder: Deine Partnerin, dein Partner „ist" der Maler, du stellst Fragen zu dem Bild. Das Gespräch wird aufgezeichnet; die Rollen können getauscht werden.

▪ 68 WÜSTENWANDERUNG: ▶▶Informiert euch mithilfe eines Lexikons oder anderer Bücher über das Leben in der Wüste. Bereitet einen kleinen Vortrag vor. ▶Schreibe ein Kapitel für ein Wüstentagebuch der Israeliten. ▶Berichte und/oder zeichne zum Thema „Ein Tag in der Wüste".

▪ 69 DIE 10 GEBOTE: ▶Spielt „Mensch ärgere dich nicht" 10 Minuten ohne Regeln und sprecht im Anschluss daran über eure Erfahrungen. ▶▶Entwerft einen Fragebogen: Sind die 10 Gebote heute noch aktuell? Interviewt verschiedene Gruppen, dokumentiert die Ergebnisse eurer Meinungsumfrage. ▶Zeichne nun die Umrisse deiner Hand auf ein Blatt Papier und schreibe deine wichtigsten Gebote in die einzelnen Finger hinein.

▪ 70 DAS GOLDENE KALB: ▶▶Nachdem Mose die Gesetzestafeln zerschlagen hat, steht das Volk betreten vor ihm. Einige versuchen zu erklären, was geschehen ist. – Entwickelt die Szene, die sich daraus ergibt. ▶Lies in der Bibel Ex 32,7–14: Erzähle nach, was nach dem Zornesausbruch des Mose und vor der Neubeschaffung der Gesetzestafeln geschieht.

Vorschläge für Projekte

▪ Thema Ägypten: Zusammenarbeit mit dem Fach Geschichte und/oder Geografie

▪ Thema Kinder auf der Flucht: Was tun Unicef, Misereor, Brot für die Welt?

▪ Thema Seder/Judentum: Welche Information geben die ha-galil-Kinderseiten im Internet?

Entdeckt, verstanden, gestaltet

Exodus – biblisch und biografisch

Ich kann	■ mit anderen über Erfahrungen des Aufbruchs, der Bedrückung und Befreiung sprechen.
	■ beschreiben, was ich unter einem Leben in Freiheit verstehe.
	■ Regeln formulieren, die mir und anderen ein Zusammenleben in Frieden und Freiheit ermöglichen.
Ich habe	■ mich mit dem Leben des Volkes Israel in Ägypten beschäftigt
und kann	■ beschreiben, was für das Bleiben und was für den Aufbruch sprach.
Ich kann	■ Moses Zorn und seine Ohnmacht beschreiben
und weiß,	■ dass er die Erfahrung machte, einen neuen Weg gezeigt zu bekommen.
Ich kenne	■ die Geschichte von Mose im Binsenkörbchen
und kann	■ erzählen, wie er aufwuchs und erwachsen wurde.
Ich kenne	■ die Geschichte der Gottesoffenbarung am brennenden Dornbusch
und kann	■ Gottes Namen nennen, übersetzen und deuten
Ich kenne	■ die Zehn Gebote, die Mose am Sinai empfangen hat,
und kann	■ erläutern, warum sie bis heute für Juden und Christen wichtig sind.
Ich kann	■ den Ablauf des jüdischen Sedermahls beschreiben.
	■ die Zutaten des Sedermahls nennen und deuten.
Ich weiß,	■ dass die Geschichten vom Exodus Menschen zu allen Zeiten Mut gemacht haben, auf Gott zu hoffen, der das Leid der Unterdrückten sieht, und mit ihm aufzubrechen.
Ich kann	■ mich in Gebet und Lied auch selbst an Gott wenden, wenn ich Trost und Mut brauche.

Gesucht: Ein Mensch namens Jesus

Margaret Cusack, 1982

Das Land, in dem Jesus lebte

Was die Bibel über Jesus verrät

Jesus ist ein Nachkomme Davids und Abrahams. *Mt 1,1*

Seine Mutter Maria war mit Josef verlobt. *Mt 1,18*

Jesus wurde in der Stadt Bethlehem in Judäa geboren, als König Herodes in Jerusalem regierte. *Mt 2,1*

Um diese Zeit kam Jesus von Galiläa her an den Jordan, um sich von Johannes taufen zu lassen. *Mt 3,13*

Als Jesus am See von Galiläa entlang ging, sah er zwei Brüder, die von Beruf Fischer waren, Simon, der auch Petrus genannt wird, und Andreas. Jesus sagte zu ihnen: „Geht mit mir!" Sofort ließen sie ihre Netze liegen und folgten ihm. *Mt 4,18–20*

Jesus zog durch ganz Galiläa. Er sprach in den Synagogen und heilte Krankheiten und Leiden im Volk. *Mt 4,23*

Jesus zog mit seinen Jüngern nach Jerusalem.
Auf dem Weg dorthin sagte er zu ihnen:
„Wir gehen jetzt nach Jerusalem. Dort wird der Menschensohn ausgeliefert werden. Sie werden ihn dort zum Tod verurteilen."
Mt 20,17f.

Darauf kamen die führenden Priester und Ratsältesten im Palast des Obersten Priesters Kaiphas zusammen. Sie fassten den Beschluss, Jesus heimlich zu verhaften und umzubringen. *Mt 26,3f.*

Einige Tage später kam Jesus nach Kapernaum zurück und bald wusste jeder, dass er wieder zu Hause war. *Mk 2,1*

Jesus ist doch der Zimmermann, der Sohn von Maria und der Bruder von Jakobus, Joses, Judas und Simon. *Mk 6,3*

> Die Kranken auf dem Markt baten ihn, dass sie die Quaste seines Gewandes berühren dürften. *Mk 6,56*

„Ihr habt selbst gehört, wie er Gott beleidigt hat. Wie lautet euer Urteil?" Einstimmig erklärten sie, er habe den Tod verdient. *Mk 14,64*

> Pilatus gab den Befehl, Jesus auszupeitschen und zu kreuzigen. *Mk 15,15*

Sie brachten ihn an die Stelle, die „Golgatha" heißt, das bedeutet „Schädelplatz". *Mt 15,22*

> Sie nagelten ihn ans Kreuz und verteilten untereinander seine Kleider. Es war neun Uhr morgens, als sie ihn kreuzigten. *Mk 15,24f.*

Gegen 15 Uhr schrie Jesus: „Mein Gott, mein Gott, warum hast du mich verlassen." Er schrie laut auf und starb. *Mk 15,34.37*

> Es war Abend geworden und der nächste Tag war ein Sabbat. Josef von Arimathäa kaufte ein Leinentuch und nahm Jesus vom Kreuz, dann legte er ihn in ein Grab, das in einen Felsen gehauen war. *Mk 15,42.46*

Zu jener Zeit ordnete Kaiser Augustus an, dass alle Bewohner des römischen Reiches in Steuerlisten erfasst werden sollten. *Lk 2,1*

> Nach acht Tagen war es Zeit, das Kind zu beschneiden. Es bekam den Namen „Jesus". *Lk 2,21*

So kam Jesus nach Nazareth, wo er aufgewachsen war. *Lk 4,16*

Die Römer in Israel

DIE RÖMISCHE ARMEE

In der Zeit, in der Jesus lebt, ist das römische Reich die beherrschende Großmacht. Es erstreckt sich über den Mittelmeerraum bis hin nach England. Im Jahr 68 v. Chr. erobern die Römer Palästina/Israel. Die Römer setzen Könige ein, die in ihrem Auftrag herrschen. Ihre Hauptaufgabe ist das Verhindern von Aufständen und das Eintreiben der Steuern mithilfe jüdischer Zöllner. In dieser Zeit wächst Jesus in Galiläa, östlich des Sees Genezareth, auf.

Das Land in der Jordanebene ist fruchtbar und eigentlich hätte es den Menschen in Galiläa gut gehen können – doch zur Zeit Jesu werden immer wieder hohe Abgaben von den Menschen gefordert. Während die einfachen Leute in Galiläa in bescheidenen Häusern leben, gibt es in den Städten unvorstellbaren Luxus. Handwerker, Hirten, Fischer, kleine Bauern und Händler müssen für diese Verschwendung aufkommen. Immer mehr Menschen kämpfen gegen die wachsende Armut an, viele verschulden sich und werden arbeitslos.

Die Römer lassen in den Städten Standbilder des Kaisers errichten und bilden ihn wie einen Gott auf Münzen ab, das verstößt unerträglich gegen diese wichtigste Weisung in der jüdischen Religion. Jeder fromme Jude betet täglich:

Höre Israel, der Herr ist unser Gott, der Herr allein.
Und du sollst den Herrn, deinen Gott, lieb haben
von ganzem Herzen, von ganzer Seele und mit all deiner Kraft.

Dtn 6,4–5

Bei den Galiläern entwickelt sich ein tiefer Hass auf die Römer und alle, die sie unterstützen.
Sie bitten Gott, ihnen einen „Erlöser" und „Retter", einen „Messias" zu senden. Überall leben die Menschen mit dieser Erwartung auf ein neues, von Gott geschaffenes Reich. Die Zeit scheint reif dafür zu sein. Und ähnlich wie in Galiläa geht es auch in den anderen jüdischen Gebieten zu, zum Beispiel im südlich gelegenen Judäa.

Menschen, denen Jesus begegnet ist

Religiöse Gruppen

Pharisäer

Sie glauben, Gott wird ihnen den ersehnten Messias senden, wenn sie sich in ihrer Lebensführung streng an die Gebote Gottes – die Juden sagen: an die „Tora" – halten. Sie bemühen sich um alle Menschen im jüdischen Volk. Zu ihren Anhängern gehören Handwerker und Bauern ebenso wie studierte Menschen.

Pharisäer sind oft Lehrer in den Synagogen, denn die religiöse Bildung des Volkes liegt ihnen sehr am Herzen. Auch Jesus hat ihnen nahe gestanden. Manche Wissenschaftler meinen sogar, dass er selbst ein Pharisäer gewesen sei.

Heftige Streitgespräche und Diskussionen waren unter Pharisäern üblich, sie waren eine gute Schulung bei der Suche nach Lösungen.

Sadduzäer

Sie stammen aus Adels- und Priesterfamilien, zu ihnen gehören reiche Landbesitzer und Kaufleute. Sie stellen die Priester und sind für die Opfer im Tempel zuständig. Der Hohepriester ist ebenfalls Sadduzäer, nur er darf einmal im Jahr das Allerheiligste im Tempel betreten.

Sie sind sehr einflussreich im Hohen Rat und in der obersten Gerichtsbehörde.

Wie die Pharisäer richten sich die Sadduzäer streng nach den Weisungen der Tora, doch halten sie wortwörtlich daran fest. Religiöse Erneuerungsgedanken, die versuchen den jüdischen Glauben zeitgemäßer zu deuten und zu gestalten, lehnen sie deshalb ab. Den Glauben an eine Auferstehung der Toten und an Engel kritisieren sie ebenfalls. Die Sadduzäer arbeiten mit den Römern zusammen.

Zeloten

Sie haben in vielen Punkten ähnliche Ansichten wie die Pharisäer. Sie glauben allerdings nicht, dass der Messias nur durch eine fromme Lebensführung von Gott gesandt werden wird. „Gott schickt den Erlöser nur, wenn wir selbst dafür kämpfen", sagen sie. Sie rufen neben der Einhaltung der Gebote zum bewaffneten Kampf gegen die römischen Unterdrücker auf.

Die Taufe

Jesus wird Zimmermann wie sein Vater, doch irgendwann schließt er sich einer religiösen Richtung an, die Johannes dem Täufer folgt. Er lässt sich taufen, Jesus ist damals etwa 28 Jahre alt.

Joachim Patinier, um 1515

Aus dem ganzen Gebiet von Judäa und aus Jerusalem strömten die Leute in Scharen zu ihm hinaus, bekannten öffentlich ihre Sünden und ließen sich von ihm im Jordan taufen. Zu dieser Zeit geschah es: Jesus kam aus Nazareth in Galiläa zu Johannes und ließ sich von ihm im Jordan taufen. Als er aus dem Wasser stieg, sah er, wie der Himmel aufriss und der Geist Gottes wie eine Taube auf ihn herabkam. Und eine Stimme aus dem Himmel sagte zu ihm: „Du bist mein Sohn, dir gilt meine Liebe, dich habe ich erwählt."

Mk 1,5.9–11

David, ein Junge zur Zeit Jesu

Mürrisch beißt David in sein Fladenbrot. „Warum siehst du so trübselig aus?", fragt ihn die Mutter, „hast du schlechte Laune, weil du heute wieder in die Schule musst?"

David nickt betrübt. Jeden Morgen geht David in die Synagoge, wo der Unterricht stattfindet. Nur die Jungen gehen dorthin. Mädchen brauchen keine Schulbildung, heißt es. Sie lernen bei der Mutter, wie der Haushalt geführt werden muss.

David seufzt. Er ist zwar stolz darauf, in die Schule zu dürfen, aber der Unterricht ist anstrengend und erst am Nachmittag kann er dem Vater wieder in der Töpferwerkstatt helfen. Dazu hätte er viel mehr Lust! David erinnert sich noch gut an den ersten Schultag, als er mit fünf Jahren sein „Buch" zum ersten Mal aufrollte. Er verstand nichts von dem, was er las, so sehr er sich auch anstrengte. Das lag daran, dass die Menschen hier in Galiläa aramäisch sprechen, die Bibel aber in Hebräisch geschrieben ist. So musste er erst mühsam die fremde Sprache lernen, bevor er das Geschriebene verstehen konnte.

Allerdings ist heute ein besonderer Tag. Erleichtert fällt David ein, dass er nach der Schule in der Synagoge auf seinen Vater warten soll. Emmanuel, der erste Sohn des Nachbarn Levi, ist heute acht Tage alt, deshalb wird er, wie es das Gesetz der Bibel vorschreibt, beschnitten. David freut sich besonders auf die Feier danach.

Der Schultag geht deshalb viel schneller vorbei als an den anderen Tagen und schon bald sitzt David neben seinem Vater in der Synagoge. Nach der Beschneidung liest Josef, der Zimmermann, einen Text aus der Jesajarolle vor. David traut seinen Ohren nicht, als er ihn sagen hört:

> Dann wird der Wolf beim Lamm zu Gast sein, der Panter neben den Ziegenböcken liegen! Gemeinsam wachsen Lamm und Löwenjunges auf, ein kleiner Junge kann sie hüten ... Der Säugling spielt am Schlupfloch der Schlange, das Kleinkind steckt die Hand in die Höhle der Otter. *Jes 11,6–8*

Nach dem Gottesdienst muss David seine Frage loswerden: „Vater, wenn ich neben einer giftigen Schlange spielen würde, würde sie mich doch beißen. Und die Wölfe, die nachts herumstreunen, reißen Lämmer. Ich verstehe kein Wort von dem, was Josef eben aus der Bibel vorgelesen hat."

„Er hat von der Zukunft gesprochen", erklärt der Vater, „eines Tages wird Gott einen ganz besonderen Menschen auf die Erde schicken, den Messias. Dieser Messias wird die ganze Welt verändern. Am Beispiel der Tiere will die Bibel uns sagen, dass die Menschen dann in Liebe und Frieden miteinander leben werden, ohne Gewalt und ohne dass einer den anderen umbringt."

„Wann wird uns dieser Messias geschickt?", will David wissen. „Das wissen wir nicht", sagt der Vater, „aber wir leben in der Hoffnung auf sein Kommen. Noch gibt es so viel Elend und Ungerechtigkeit. Mit all unserer Kraft wollen wir hoffen, dass Gott unsere Gebete bald erhört und den ersehnten Messias schicken wird."

Ursula Kirstein

Jesu Botschaft vom Reich Gottes

Jesus zieht durch seine Heimat Galiläa und tritt dort als Lehrer in Synagogen auf. Er wird als „Rabbi" verehrt, das bedeutet „Lehrer" oder „Meister".
Jesus sucht sich Freunde (Jünger), die mit ihm gehen, es sind Menschen aus dem einfachen Volk. Er verkündigt seinen Zuhörern in sprachlichen Bildern die Botschaft von Gottes Himmelreich und kümmert sich besonders um die armen und ausgestoßenen Menschen.

Dann sagte Jesus: „Wie geht es zu, wenn Gott seine Herrschaft aufrichtet? Womit kann ich das vergleichen? Es ist wie beim Senfkorn: Wenn es in die Erde gesät wird, ist es der kleinste Same, den es gibt. Aber ist es einmal gesät, so geht es auf und wird größer als alle anderen Gartenpflanzen. Es treibt so große Zweige, dass die Vögel in seinem Schatten ihre Nester bauen."
Lk 13,18–19 und Mk 4,30–32

„Wenn Gott jetzt seine Herrschaft aufrichtet, ist es wie mit dem Sauerteig: Eine Frau mengte eine Hand voll davon unter eine riesige Menge Mehl, und er machte den ganzen Teig sauer."
Mt 13,33

„Die neue Welt Gottes ist mit einem Schatz zu vergleichen, der in einem Acker vergraben war: Ein Mensch fand ihn und deckte ihn schnell wieder zu. In seiner Freude verkaufte er alles, was er hatte, und kaufte dafür den Acker mit dem Schatz."
Mt 13,44

Der Himmel geht über allen auf

T.: Wilhelm Willms, M.: Peter Janssens

Jesus lehrt und heilt

Jesus sprach: „Selig seid ihr Armen, denn das Reich Gottes ist euer. Selig seid ihr, die ihr jetzt hungert; denn ihr sollt satt werden. Selig seid ihr, die ihr jetzt weint; denn ihr werdet lachen." *Lk 6,20–21 (Luther-Bibel)*

„Euch, die ihr mir zuhört, sage ich: Liebt eure Feinde; tut denen Gutes, die euch hassen. Wenn dich jemand auf die Backe schlägt, dann halte ihm auch die andere Backe hin. Wenn dir jemand den Mantel wegnimmt, dann gib ihm noch das Hemd dazu." *Lk 6,27.29*

Zwei Männer gingen in den Tempel. Der eine war Pharisäer, er kannte sich besonders gut mit den Geboten Gottes aus. Der andere war ein Zöllner. Er trieb Zoll ein für die Römer und nahm dabei oft mehr von den Leuten, als ihm vorgeschrieben war. Der Pharisäer betete für sich: „Gott, ich danke dir, dass ich nicht so bin wie dieser Zöllner. Ich faste zwei Tage in der Woche und gebe dir den zehnten Teil von allem, was ich besitze."
Der Zöllner aber stand ganz hinten. Er hielt seinen Kopf gesenkt und traute sich nicht, zum Himmel aufzublicken. Er sprach: „Gott, sei mir Sünder gnädig!" Jesus beschloss die Erzählung: „Als der Zöllner nach Hause ging, da war er ein Mensch, an dem Gott Freude hat. Wer sich selbst erhöht, der wird erniedrigt werden; und wer sich selbst erniedrigt, der wird erhöht werden." *nach Lk 18,9–14*

Da brachten vier Männer einen Gelähmten herbei, aber sie kamen wegen der Menschenmenge nicht zu Jesus durch. Darum stiegen sie auf das flache Dach, gruben die Lehmdecke auf und beseitigten das Holzgeflecht, genau über der Stelle, wo Jesus war. Dann ließen sie den Gelähmten auf seiner Matte durch das Loch hinunter. Als Jesu sah, wie groß ihr Vertrauen war, sagte er zu dem Gelähmten: „Ich befehle dir: Steh auf, nimm deine Matte und geh nach Hause!" Der Mann stand auf, nahm seine Matte und ging vor aller Augen weg. *Mk 2,3–5.12*

Jesus im Tempel

In Jerusalem ging Jesus wieder in den Tempel. Dort begann er, die Händler und Käufer hinauszujagen. Er stieß die Tische der Geldwechsler und die Stände der Taubenverkäufer um und ließ nicht zu, dass jemand irgendetwas durch den Vorhof des Tempels trug. *Mk 11,15–16*

Jesus wendet sich Kindern zu

Emil Nolde, 1910

Einige Leute wollten auch ihre kleinen Kinder zu Jesus bringen, damit er sie berühre. Als die Jünger es sahen, fuhren sie die Leute an und wollten sie wegschicken.
Doch Jesus rief die Kinder zu sich und sagte: „Lasst die Kinder zu mir kommen und hindert sie nicht, denn für Menschen wie sie steht Gottes neue Welt offen. Ich versichere euch: Wer sich Gottes neue Welt nicht schenken lässt wie ein Kind, wird niemals hineinkommen."

Lk 18,15–17

Das letzte Abendmahl

Etwa im Jahr 30 n.Chr. hält sich Jesus vor dem Passafest in Jerusalem auf. Vielleicht spürt er, dass ihn eine tödliche Auseinandersetzung mit dem Hohen Rat und den römischen Machthabern erwartet. Für sie ist Jesus ein gefährlicher Mensch, denn er versteht es zu überzeugen und größere Menschenmengen an sich zu binden. Sein Eintreten für die Schwachen in der Gesellschaft und seine deutliche Kritik am Tempel haben ihn mehr als verdächtig gemacht.

An hohen Festtagen, wie dem Passafest, kommen viele Menschen nach Jerusalem. Das Volk lässt sich leicht beeinflussen, schnell kann die Stimmung gegen die Römer umschlagen. Nichts fürchten die Römer so sehr wie einen kriegsähnlichen Aufstand. Es liegt in ihrem Interesse, jede mögliche Gefahr in dieser Richtung aus dem Wege zu schaffen.

Am Abend vor Jesu Hinrichtung feiert Jesus noch einmal mit seinen Freunden ein gemeinsames Mahl. Auch früher hat er oft ein gemeinsames Essen mit ihnen eingenommen. An seinem Tisch saßen dann nicht immer nur seine Freunde und angesehene Menschen. Jesus hatte gerade die eingeladen, mit denen sonst niemand Kontakt pflegte, zum Beispiel: Zöllner, Kranke, allein stehende Frauen.

Das gemeinsame Mahl ist für Jesus ein Zeichen, dass Gottes Reich bereits hier auf der Erde angebrochen ist.

Während der Mahlzeit nahm Jesus ein Brot, sprach das Segensgebet darüber, brach es in Stücke und gab es ihnen mit den Worten: „Nehmt, das ist mein Leib!"
Dann nahm er den Becher, sprach darüber das Dankgebet, gab ihnen auch den, und alle tranken daraus. Dabei sagte er zu ihnen: „Das ist mein Blut, das für alle Menschen vergossen wird. Mit ihm wird der Bund in Kraft gesetzt, den Gott jetzt mit den Menschen schließt." *Mk 14,22–24*

Zum Kreuz verurteilt

Kurz nach dem letzten gemeinsamen Essen wird Jesus verhaftet. Alle seine Freunde lassen ihn auf seinem schweren Weg im Stich. Die Hohen Priester überliefern ihn an die Römer. Jesus wird beschuldigt, er gäbe sich als Messias aus. Er schweigt zu diesen Anschuldigungen, aber widerspricht ihnen auch nicht. Der römische Statthalter Pontius Pilatus befürchtet Unruhen; das ist für ihn Grund genug zu handeln.

Odilon Redon, um 1910

Jesus wird zum Tod am Kreuz verurteilt. Diese grausame und erniedrigende Hinrichtung ist für Jesu Anhänger eine große Enttäuschung und zunächst schwer zu ertragen. Sie fliehen und fürchten um ihr Leben. Nur einige Frauen trauen sich, das Geschehen aus der Ferne zu beobachten. Die Hoffnung auf Gottes neue Welt, die mit Jesus für sie begonnen hatte – war sie vergeblich gewesen? Doch schon bald werden sie erfahren, dass mit dem Tod Jesu nicht alles vorbei ist.

Mache dich auf und werde licht

T.: Jesaja 60,1, Kanon für 4 Stimmen: Kommunität Gnadenthal

Das Leben siegt

Gisela Harupa

Doppeln –
wie machen wir das?

Um verschiedene Seiten einer Person oder eines Problems kennen zu lernen, tragen wir unsere verschiedenen Gedanken zu einem vielfältigen Meinungsbild zusammen.

- Wir lesen oder hören z.B. die Geschichte vom Zöllner und Pharisäer, wie sie gemeinsam in der Synagoge beten.
- Ich zeichne Sprech- und Denkblasen für die Personen auf ein Blatt Papier.
- Ich versetze mich in den Zöllner und in den Pharisäer und überlege, was sie wohl denken, fühlen und sagen könnten.
- Ich schreibe mindestens ein Argument in der Ich-Form in die Sprech- und Denkblasen hinein.
- Ich merke mir ein Argument, das ich besonders wichtig finde.
- Wir bestimmen zwei Mitschüler/innen, die stellvertretend für den Zöllner und Pharisäer vorn in der Klasse nebeneinander Platz nehmen.
- Wir fertigen Namensschilder für den Zöllner und den Pharisäer an und stellen sie gut sichtbar vor den beiden Mitschülern auf.
- Wenn ich an der Reihe bin, gehe ich nach vorn, stelle mich hinter den „Zöllner" oder „Pharisäer" und spreche den Gedanken aus, den ich mir gemerkt habe.

- So wie ich machen es alle meine Mitschüler/innen.
- Auf diese Weise hören wir nacheinander sehr viele unterschiedliche Meinungen, Gedanken und Gefühle, die der Pharisäer und Zöllner gehabt haben könnten.
- Ich finde es nicht schlimm, wenn sich ab und zu Argumente wiederholen, denn diese Äußerungen sind manchmal besonders wichtig.

Aufgaben – Impulse – Projektideen

- **75 DIE DREI WEISEN:** ▶Stell dir vor, du bist Reporter. Berichte „life" zum Thema: „Drei Weise auf der Suche nach dem Stern", die 6 Einzelbilder sind die „Fotos", Mt 2,1–12 ist die Grundlage für die Reportage.

- **76-77 DAS LAND:** ▶▶Jesus kennt sich gut aus in seiner Heimat, das merkt man seinen Geschichten an. Was verraten Evangelientexte über die Natur in Galiläa? Lest nach: Mt 8,23–27; Mt 13,1–9; Mt 13,24–30; Mt 18,12–14; Mt 20,1–6; Mt 21,18–22; Mk 4,26–29; Lk 5,1–11; Lk 9,58; Lk 21,27; Lk 15,1–7. Zeichnet und schreibt eure Entdeckungen auf ein großes Blatt Papier. ▶Stell dir vor, du bist ein römischer Spion. Du hast den Auftrag, alles Wichtige über Jesus herauszufinden. Die Textstellen sind deine Belege. Schreibe einen Brief nach Rom und teile möglichst genau mit, was du über Jesus herausgefunden hast.

- **79 MENSCHEN:** ▶▶Lest den Text und legt eine Tabelle mit drei Spalten für Pharisäer, Sadduzäer und Zeloten an. Tragt dort die wichtigsten Informationen zu diesen Personen ein. ▶Entwirf Geheimzeichen (Logos) für die Sadduzäer, Zeloten und Pharisäer. Die Zeichen sollen eine Botschaft über die Besonderheit der Gruppe enthalten, doch die Römer dürfen natürlich keinen Verdacht schöpfen. ▶▶Bereitet eine „Talkshow" zwischen Sadduzäern, Zeloten und Pharisäern vor. Zunächst sollte jede „Partei" die Möglichkeit haben, ihre Position zu erklären, danach streitet ihr euch heftig, weil jeder Recht haben will.

- **80 DIE TAUFE:** ▶Betrachte das Bild und lies den Text. Nimm eine Fotokopie der Buchseite oder lege eine Folie auf das Original. Zeichne eine Verbindungslinie immer da, wo du entdeckst, dass der Künstler den Text in sein Bild umgesetzt hat.

- **81-82 DAVID:** ▶▶Besorgt euch Knetgummi oder Ton und gestaltet auf einer großen festen Unterlage (z.B. Pappe) die Lebenswelt Jesu. Vorlagen für eure Arbeit findet ihr unter www.kreativeunterricht.de/Umwelt Jesu. Beschriftet kleine Kärtchen mit kurzen Erklärungen zu den einzelnen Objekten.

- **83 REICH GOTTES:** ▶▶Sät Kresse oder ähnlich schnell wachsenden Samen und beobachtet, was in den nächsten Wochen passiert.

■ 84 JESUS HEILT: ▶▶Armut, Hunger, Krieg und Ungerechtigkeit gibt es auch heute. Sammelt Bilder dazu und klebt sie zu einer Collage zusammen. Schreibt Jesu tröstende Worte in euer Bild hinein. ▶▶Zeichnet die Umrisse vom Zöllner und Pharisäer. Schreibt in Sprech- und Denkblasen, was sie denken, fühlen und/oder sagen. Jeder Partner merkt sich ein Argument. Probiert das „Doppeln", wie auf S. 89 beschrieben.

■ 85 JESUS UND DIE KINDER: ▶▶Spielt die Szene mithilfe des Bildes und des Textes als Rollenspiel nach. ▶Stell dir vor, du warst dabei, als Jesus die Kinder segnete. Dreißig Jahre später schreibst du alles, woran du dich erinnerst, für deine Enkelkinder auf.

■ 86–87 ABENDMAHL/KREUZ: ▶▶Findet im Gespräch über den Text sechs Überschriften. Bildet Gruppen von sechs Personen, jedes Gruppenmitglied erhält eins der sechs Themen und gestaltet es auf einem quadratischen Karteikärtchen. Zum Schluss klebt ihr aus euren Bildern ein Kreuz. Vergleicht die Gruppenergebnisse!

■ 88 BILD: ▶Gehe mit den Augen auf dem Bild spazieren: Beschreibe, welche Gefühle es ausdrückt. Zeichne eine Skizze des Bildes und zeichne ein, wo Trauer, Hoffnung usw. zu entdecken sind. ▶▶Lest den Bibeltext Johannes 20,1–17, z.B. aus der Gute-Nachricht-Bibel. Sammelt Stichworte: Wie verhalten sich die Jünger? Maria? Jesus? ▶▶Gestaltet aus einer Szene des Bibeltextes ein Standbild. ▶Stelle einen Zusammenhang zwischen Bild und Text her. ▶Erläutere mithilfe von Bild und Text, was andere/was du unter „Auferstehung" verstehst.

Vorschläge für Projekte

■ Hilfsaktionen für eine solidarische Welt: Wo werden Christen heute sichtbar? – Lernt eine Gemeinde kennen; informiert euch über ihr Programm.

■ Israel heute: Sammelt Informationen über Geografie und Wirtschaft – in Internet, Geografiebüchern, Atlanten, Broschüren aus dem Reisebüro; bereitet Vorträge vor.

Entdeckt, verstanden, gestaltet

Jesus – für Menschen damals, für Menschen heute

Ich kann	■ mit anderen über Erwartungen und Enttäuschungen sprechen.
	■ beschreiben, worauf zu warten sich lohnt.
	■ Hoffnungen formulieren, die über das, was gegenwärtig ist, hinausgehen.
Ich habe	■ mich mit dem Leben Jesu beschäftigt
und kann	■ beschreiben, wie seine Worte und Taten überliefert wurden.
Ich kann	■ die Umwelt Jesu und die Nöte und Hoffnungen der Menschen zu Jesu Zeit beschreiben.
	■ von Fischern, Zöllnern und Römern, von Pharisäern und Zeloten zur Zeit Jesu erzählen.
Ich weiß,	■ mit welchen Erwartungen oder mit welchen Vorbehalten diese Menschen Jesus begegneten.
Ich weiß	■ von Jesu Kreuzigung
und kann	■ erklären, wie es dazu kam.
Ich kenne	■ Jesu Botschaft von der Liebe Gottes
und kann	■ eine Seligpreisung und das Gebot der Feindesliebe aus Lk 20 nennen.
Ich kann	■ das Gleichnis vom Pharisäer und Zöllner (Lk 18) nacherzählen.
Ich weiß,	■ dass Jesus sich besonders denen zugewendet hat, die sonst oft übersehen wurden,
und kann	■ erzählen, wie Jesus die Kinder segnete (Lk 18).
Ich weiß,	■ dass Jesu Nähe vielen Menschen guttat,
und kann	■ die Geschichte von der Heilung eines Gelähmten (Mk 2) nacherzählen.
Ich kann	■ die christlichen Sakramente Taufe und Abendmahl auf Stationen aus dem Leben Jesu zurückführen.
Ich weiß,	■ dass das Kreuz Jesu zum Hoffnungszeichen der Christen geworden ist,
und kann	■ vom Wunder der Auferstehung erzählen.

Die Sache Jesu geht weiter

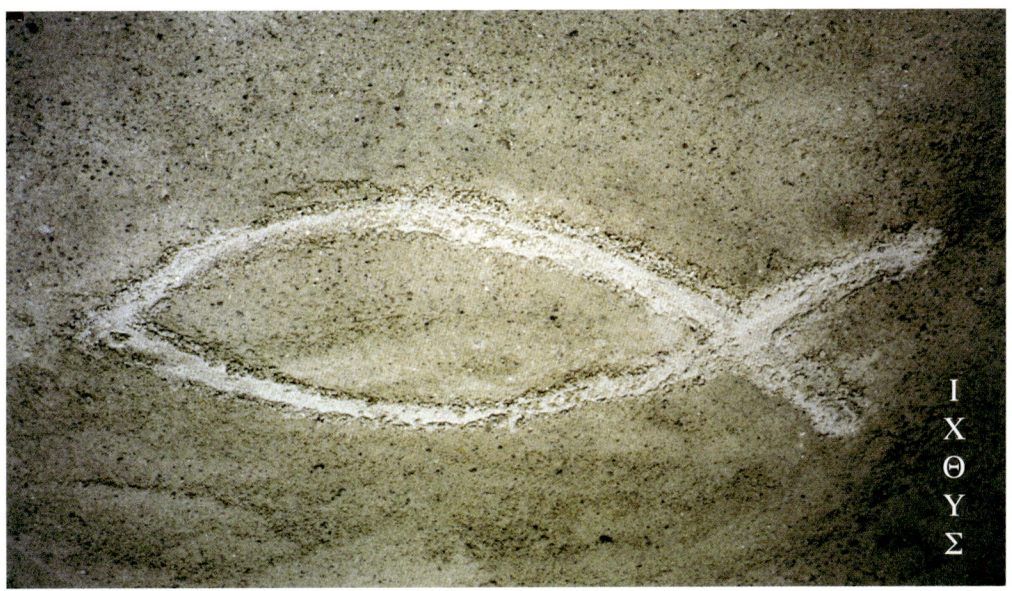

Pfingsten

Wir saßen schon am frühen Morgen wie fast jeden Tag im Saal oben im Haus. Einer erinnerte sich: Vor zwei oder drei Jahren, es war ein paar Tage vor dem Erntefest, hat Jesus gesagt: „Seht euch die Felder an. Sie sind schon ganz hellgolden, fast weiß. Sie sind reif. Das Korn wartet auf den Schnitter. So ist es auch mit den Menschen. Sie warten darauf, dass jemand zu ihnen geht, sie zusammenholt und heimbringt zu Gott." Vielleicht ist jetzt auch für uns Erntezeit? Jesus hat das Korn in die Erde geworfen: Das Wort von Gott. Vielleicht sollen wir jetzt die Erntearbeiter sein, die die reife Frucht, die Herzen der Menschen, einbringen?
Während wir so miteinander redeten, kam plötzlich etwas über uns wie ein Sturm. Es war, als wehte ein Wind durchs Haus und als würden wir alle durcheinander gewirbelt. Es war, als wäre das Haus voll Feuer und voll Licht. Dann, nach einigen Augenblicken, war wieder Stille. Aber wir waren ganz und gar verwandelt. Wir sprangen von den Bänken und sangen und redeten durcheinander und umarmten uns. Und einige riefen: „Das ist es! Das ist es, was er gesagt hat! Das ist der Geist Gottes!" Wir umarmten uns und konnten gar nicht recht in Worte fassen, was uns erfüllte. Immer wieder riefen wir durcheinander: „Das ist es, was Jesus uns versprochen hat! Nun will er, dass wir aus unserem Versteck hervorkommen und zu den Menschen reden!" Einige Leute auf der Straße hörten, dass wir solchen Lärm machten, und blieben unten stehen, von den anderen Häusern sahen sie herüber, und schließlich staute sich eine große Menge vor der Tür. „Die sind verrückt!", sagten einige. „Die sind betrunken", sagten andere. Aber Petrus ging zu ihnen hinaus und sagte: „Wir sind weder verrückt noch betrunken. Wir freuen uns nur, dass Jesus lebt und bei uns ist. Und er ist auch bei euch, wenn ihr zu ihm gehören wollt." Und viele Leute baten uns: „Lasst uns auch dazugehören! Wir möchten auch glauben, dass Jesus lebt!"
Seitdem reden wir mit den Leuten in Jerusalem von Jesus, wo immer wir Gelegenheit haben, und viele schließen sich uns an. Unsere Gemeinde wird täglich größer und es ist eine große Freude und Begeisterung. Die Leute lachten anfangs über uns, dann hörten sie uns zu und wollten alles genauer wissen. Am Ende fragten sie uns: „Was sollen wir denn nun tun?" Und wir wussten mit einem Mal: Jesus hat sich doch taufen lassen und wir alle sind im Jordan getauft worden! Nun müssen wir diese Leute auch taufen und ihnen helfen, dass sie glücklich werden. Wir sind ein Herz und eine Seele. Keiner sagt von seinem Haus: Das gehört mir. Es gehört allen. Keiner sagt von seinem Garten: Der gehört mir. Er gehört allen gemeinsam. Und keiner sagt von seinem Geld: Das gehört mir. Wir leben alle gemeinsam davon."

Jörg Zink

Thomas Zacharias, 1990

Zu Ostern in Jerusalem

Zu Ostern in Jerusalem da ist etwas geschehn, das ist noch heute wunderbar, nicht jeder kann's verstehn.
Hört, hört, hört, hört nicht jeder kann's verstehn. —

Zu Pfingsten in Jerusalem, da ist etwas geschehn.
Die Jünger reden ohne Angst und jeder kann's verstehn.
Hört, hört, hört, hört und jeder kann's verstehn.

Zu jeder Zeit, in jedem Land kann plötzlich was geschehn.
Die Menschen hören, was Gott will, und können sich verstehn.
Hört, hört, hört, hört und können sich verstehn.

T.: Arnim Juhre, M.: Karl-Wolfgang Wiesenthal

Astrid Schiller, 1998

Stundenbuch, Niederlande, um 1420

Die Verkündigung der Lehre – die Apostel

Petrus

Als er aber am Galiläischen Meer entlangging, sah er Simon und Andreas, Simons Bruder, wie sie ihre Netze ins Meer warfen; denn sie waren Fischer. Und Jesus sprach zu ihnen: Folgt mir nach; ich will euch zu Menschenfischern machen! Sogleich verließen sie ihre Netze und folgten ihm nach. *Mk 1,16–18*

Und alsbald gingen sie aus der Synagoge und kamen in das Haus des Simon und Andreas mit Jakobus und Johannes. Und die Schwiegermutter Simons lag darnieder und hatte das Fieber; und alsbald sagten sie ihm von ihr. Da trat er zu ihr, fasste sie bei der Hand und richtete sie auf; und das Fieber verließ sie, und sie diente ihnen. *Mk 1,29–31*

Und er (Andreas) führte ihn (seinen Bruder Simon) zu Jesus. Als Jesus ihn sah, sprach er: Du bist Simon, der Sohn des Johannes; du sollst Kephas heißen, das heißt übersetzt: Fels. *Joh 1,42*

Es begab sich aber, als sich die Menge zu ihm drängte, um das Wort Gottes zu hören, da stand er am See Genezareth und sah zwei Boote am Ufer liegen; die Fischer aber waren ausgestiegen und wuschen ihre Netze. Da stieg er in eines der Boote, das Simon gehörte, und bat ihn, ein wenig vom Land wegzufahren. Und er setzte sich und lehrte die Menge vom Boot aus. Und als er aufgehört hatte zu reden, sprach er zu Simon: Fahre hinaus, wo es tief ist, und werft eure Netze zum Fang aus! Und Simon antwortete und sprach: Meister, wir haben die ganze Nacht gearbeitet und nichts gefangen; aber auf dein Wort will ich die Netze auswerfen. Und als sie das taten, fingen sie eine große Menge Fische und ihre Netze begannen zu reißen. Und sie winkten ihren Gefährten, die im andern Boot waren, sie sollten kommen und mit ihnen ziehen. Und sie kamen und füllten beide Boote voll, sodass sie fast sanken. Als das Simon Petrus sah, fiel er Jesus zu Füßen und sprach: Herr, geh weg von mir! Ich bin ein sündiger Mensch. Denn ein Schrecken hatte ihn erfasst und alle, die bei ihm waren, über diesen Fang, den sie miteinander getan hatten, ebenso auch Jakobus und Johannes, die Söhne des Zebedäus, Simons Gefährten. Und Jesus sprach zu Simon: Fürchte dich nicht! Von nun an wirst du Menschen fangen. Und sie brachten die Boote ans Land und verließen alles und folgten ihm nach. *Lk 5,1–11*

Er fragte sie: Wer sagt denn ihr, dass ich sei? Da antwortete Simon Petrus und sprach: Du bist Christus, des lebendigen Gottes Sohn! *Mt 16,15–16*

Petrus aber saß draußen im Hof; da trat eine Magd zu ihm und sprach: Und du warst auch mit dem Jesus aus Galiläa. Er leugnete aber vor ihnen allen und sprach: Ich weiß nicht, was du sagst. Als er aber hinausging in die Torhalle, sah ihn eine andere und sprach zu denen, die da waren: Dieser war auch mit dem Jesus von Nazareth. Und er leugnete abermals und schwor dazu: Ich kenne den Menschen nicht. Und nach einer kleinen Weile traten hinzu, die da standen, und sprachen zu Petrus: Wahrhaftig, du bist auch einer von denen, denn deine Sprache verrät dich. Da fing er an, sich zu verfluchen und zu schwören: Ich kenne den Menschen nicht. Und alsbald krähte der Hahn. Da dachte Petrus an das Wort, das Jesus zu ihm gesagt hatte: Ehe der Hahn kräht, wirst du mich dreimal verleugnen. Und er ging hinaus und weinte bitterlich. *Mt 26,69–75*

SCHLUSSSTEIN, SANKT PETRUS, CA. 1400

Petrus aber und Johannes gingen hinauf in den Tempel um die neunte Stunde, zur Gebetszeit. Und es wurde ein Mann herbeigetragen, lahm von Mutterleibe; den setzte man täglich vor die Tür des Tempels, die da heißt die Schöne, damit er um Almosen bettelte bei denen, die in den Tempel gingen. Als er nun Petrus und Johannes sah, wie sie in den Tempel hineingehen wollten, bat er um ein Almosen. Petrus aber blickte ihn an mit Johannes und sprach: Sieh uns an! Und er sah sie an und wartete darauf, dass er etwas von ihnen empfinge. Petrus aber sprach: Silber und Gold habe ich nicht; was ich aber habe, das gebe ich dir: Im Namen Jesu Christi von Nazareth steh auf und geh umher! Und er ergriff ihn bei der rechten Hand richtete ihn auf. Sogleich wurden seine Füße und Knöchel fest, er sprang auf, konnte gehen und stehen und ging mit ihnen in den Tempel, lief und sprang umher und lobte Gott. *Apg 3,1–8*

Paulus

Ich heiße Saulus, war ein einflussreicher Mann in Jerusalem und stolz auf meine Aufgabe, die Leute aufzuspüren, die sich „Christen" nannten. Sie mussten verfolgt und unschädlich gemacht werden, weil sie Gott lästerten und Unruhe stifteten. Man sagte ihnen auch nach, sie äßen Menschenfleisch und tränken Menschenblut. Ich war schon Zeuge, als man den Gotteslästerer Stephanus steinigte. Ich wollte nach Damaskus gehen, um dort mit meiner Aufgabe zu beginnen. Aber dann kam alles ganz anders.

Kurz vor Damaskus blendete mich plötzlich ein grelles Licht, das vom Himmel kam. Ich stürzte zu Boden und hörte deutlich eine Stimme. Es war ausgerechnet dieser Jesus selbst, der zu mir sprach und mir zu verstehen gab, dass ich ihn nicht weiter verfolgen könnte.

MOSAIKBILD AUS RAVENNA, PAULUS, 5./6. JH.

Drei Tage war ich blind, unfähig zu essen und zu trinken, so hatte mich dieses Ereignis mitgenommen. Meine Reisegefährten hatten mich dann nach Damaskus geschleppt, wo mich ein Mann namens Hananias aufsuchte.

Dann ging alles ganz schnell. Er legte mir seine Hände auf und ich sah, was mit mir passiert war.

Dieser Jesus von Nazareth, dessen Anhänger ich verfolgte, hatte mich gerufen; er hatte mir die Augen geöffnet, damit ich meinen zukünftigen Lebensweg erkennen konnte; er schickte mir den Heiligen Geist, damit ich Mut und Kraft für diese Aufgabe bekam; ich ließ mich in seinem Namen taufen und war somit selber Christ geworden. Statt die Christen zu verfolgen, zog ich im ganzen Römischen Reich umher, um den Menschen die Frohe Botschaft zu bringen, sie zu taufen und zahlreiche christliche Gemeinden zu gründen. *Ilse Gretenkord*

Mir ist ein Licht aufgegangen

T.: Reinhard Bäcker, M.: Detlev Jöcker

Die Mission des Paulus

Ich grüße euch, ihr Christen in Rom!

Ihr seid von Gott geliebt. Ihr seid berufen, ein Volk zu sein. Ich habe eine Frage an euch: Kennt ihr das nicht auch? Ich will das Gute tun, aber ich schaffe es nicht. Ich halte das Gesetz, alle Vorschriften, aber die helfen mir nicht. Ganz zerrissen bin ich, ganz verzweifelt. Ich weiß nicht, wie ich bestehen soll vor Gott. - Kennt ihr das? Ihr Christen in Rom: So war mir zumute, bevor ich Christus kennen lernte. Aber jetzt weiß ich, dass alles ganz anders ist. Jesus Christus ist zu mir gekommen. Er hat mir gezeigt, dass ich mich nicht mehr sorgen muss, wie ich dastehe vor Gott. Ich brauche Gott nur zu vertrauen. Dann ist alles gut. Gottes Geist hilft mir dazu, Gottes Kraft, Gott in seiner Gnade.

Ganz neu ist mein Leben seitdem. Ganz getröstet bin ich. Ich sehe auf einmal: Ich bin Gottes Kind. Und darum kann ich auch das Gute tun.

Ihr Christen in Rom, leider gehen viele Juden diesen Weg nicht mit. Sie glauben nicht, dass Jesus der Messias ist.

Das macht mich sehr traurig. Aber ist das ein Grund, die Juden zu verurteilen? Gott weiß schon, welchen Sinn das hat. Und lasst uns nicht vergessen: Wir Christen sind wie Zweige an einem Baum. Die Juden aber sind die Wurzeln des Baumes. Sie tragen den Baum. „Was ist aber nun mit dem Gesetz?", werdet ihr fragen. „Was ist mit all den Vorschriften. Sind sie ohne Bedeutung?"

Nein, aber es gibt ein neues Gesetz, das Gesetz der Liebe. Wenn ihr euch aufrichtig untereinander liebt, wenn eure Liebe ehrlich ist und herzlich, dann erfüllt ihr das Gesetz. Darum: Habt einander lieb. Werdet nicht müde im Glauben. Seid fröhlich in der Hoffnung. In Not lasst euch nicht verbittern. Kümmert euch umeinander. Segnet, die euch verfolgen. Mit den Fröhlichen seid fröhlich, mit den Traurigen traurig. Habt Frieden mit allen Menschen. Lasst das Gute stärker sein als das Böse. Ja, wenn ihr die Menschen und Gott liebt, erfüllt ihr das ganze Gesetz. Ihr Christen in Rom: Ich schäme mich der frohen Botschaft von Jesus Christus nicht. Sie ist eine wunderbare Kraft Gottes. Gott ist gut zu uns.

Gott schenke euch allen seinen Frieden. Amen.

Euer Paulus

Die Apostelgeschichte

BIBELILLUSTRATION, UM 1700

Der Kämmerer aus dem Morgenland

26 Aber der Engel des Herrn redete zu Philippus und sprach: Steh auf und geh nach Süden auf die Straße, die von Jerusalem nach Gaza hinabführt und öde ist.

27 Und er stand auf und ging hin. Und siehe, ein Mann aus Äthiopien, ein Kämmerer und Mächtiger am Hof der Kandake, der Königin von Äthiopien, welcher ihren ganzen Schatz verwaltete, der war nach Jerusalem gekommen, um anzubeten.

28 Nun zog er wieder heim und saß auf seinem Wagen und las den Propheten Jesaja.

29 Der Geist aber sprach zu Philippus: Geh hin und halte dich zu diesem Wagen!

30 Da lief Philippus hin und hörte, dass der den Propheten Jesaja las. Und fragte: Verstehst du auch, was du liest?

31 Er aber sprach: Wie kann ich, wenn mich nicht jemand anleitet? Und er bat Philippus, aufzusteigen und sich zu ihm zu setzen.

32 Der Inhalt aber der Schrift, die er las, war dieser (Jes 53,7.8): „Wie ein Schaf, das zur Schlachtung geführt wird, und wie ein Lamm, das vor seinem Scherer verstummt, so tut er seinen Mund nicht auf.

33 In seiner Erniedrigung wurde auch sein Urteil aufgehoben. Wer kann seine Nachkommen aufzählen? Denn sein Leben wird von der Erde weggenommen."

34 Da antwortete der Kämmerer dem Philippus und sprach: Ich bitte dich, von wem redet der Prophet das, von sich selber oder jemand anderem?

35 Philippus aber tat seinen Mund auf und fing mit diesem Wort der Schrift an und predigte ihm das Evangelium von Jesus.

36 Und als sie auf der Straße dahinfuhren, kamen sie an ein Wasser. Da sprach der Kämmerer: Siehe, da ist Wasser; was hindert's, dass ich mich taufen lasse?

37 Philippus aber sprach: Wenn du von ganzem Herzen glaubst, so kann es geschehen. Er aber antwortete und sprach: Ich glaube, dass Jesus Christus Gottes Sohn ist.

38 Und er ließ den Wagen halten und beide stiegen in das Wasser hinab, Philippus und der Kämmerer, und er taufte ihn.

39 Als sie aber aus dem Wasser heraufstiegen, entrückte der Geist des Herrn den Philippus und der Kämmerer sah ihn nicht mehr; er zog aber seine Straße fröhlich.

40 Philippus aber fand sich in Aschdod wieder und zog umher und predigte in allen Städten das Evangelium, bis er nach Cäsarea kam.

Die ersten Gemeinden

Ein Fisch ist mehr als ein Fisch

Also los. Ich fange an, spanne die Kettfäden, webe ein hauchzartes Tuch. Und dann die Farben! Die schönen sanften Farben des Wassers, die Gestalt des herrlichen Fisches. Ich webe und färbe und färbe und webe und bin ganz in meine Arbeit eingesponnen. Habe das Tuch fast fertig. Ein Fisch im sonnendurchfluteten Wasser. Ein Fischchen, sage ich euch, ein Fischchen!
Dabei merke ich gar nicht, dass da einer hinter mir steht. Ich zucke richtig zusammen, als er zwischen Daumen und Zeigefinger den Stoff prüft. Ich sehe es an diesem Griff – so tastet keiner nach dem Tuch, der nichts von der Tuchweberei versteht. Das ist einer, der geht oft mit Stoffen um. Ein wandernder Geselle? Nein, dafür ist er zu alt. Ein Meister, der den Lebensabend im Ruhestand genießt? Nein, dafür ist er zu jung.
Was ist das nur für ein Mensch? Wieso kann er am helllichten Tag hier in der Werkstatt herumlungern? Fummelt an meinem Tuch herum und sagt kein einziges Wort.
„Ist was?", frage ich ihn nicht gerade freundlich.
Er schaut mich an und schweigt, deutet auf den Fisch. Dann tritt er an die Wand und malt mit einem Stück Kreide einen Fisch mit zwei Strichen.
Nicht gerade kunstvoll. Kann er nicht sprechen? Braucht er die Zeichensprache? Ist er stumm?
„Ein Fisch", sage ich. „Ein ganz einfacher Fisch."
Er lacht. Und jetzt redet er. „Sagt dir das Zeichen nichts, der du den Fisch webst?"
„Was soll mir das Zeichen sagen?", frage ich. „Ein Fisch ist ein Fisch. Basta."
Er lacht wieder. Mit seiner Kreide schreibt er die Buchstaben untereinander an die Wand. Ganz groß.

F
I
S
C
H

Dann schaut er mich wieder so an, als ob er etwas von mir erwartet.
„Du hältst mich bei der Arbeit auf. Ich kann zwar lesen, aber ich habe auch aus deiner Kinderzeichnung bereits den Fisch erkannt. Du hättest das Wort gar nicht aufschreiben müssen. Und dann auch noch die Buchstaben untereinander. Statt nebeneinander, wie sich's gehört."
Ich schnaufe verächtlich durch die Nase. Diesmal lacht er nicht. Er tritt nahe an mich heran und sagt: „Dieser Fisch ist ein geheimes Zeichen. Hast du es in Ephesus niemals zuvor gesehen?"
Jetzt fällt's mir wieder ein. So ein Fischzeichen war hier und da neben manchen Haustüren gekritzelt. Meist waren es die Türen ärmlicher Häuser. Ich werde neugierig. „Was bedeutet das Zeichen?", frage ich ihn.

Er schaut mich an. Ziemlich lange. Dann sagt er: „Ich habe von dir gehört, dass du herrliche Tücher mit Fischbildern herstellen kannst. Und noch mehr habe ich von dir gehört."
Ist er ein Spion? Will er mich aushorchen? Will er mir vielleicht etwas Böses? Eigentlich sieht er nicht danach aus.
Er fährt fort: „Du hast neulich den Lehrling Theophilus gefragt: Was meinst du, Junge, wenn ein Mensch stirbt, ist dann alles aus mit ihm? Oder, was meinst du, was dann mit dem Menschen ist?"
„Ja, das stimmt", bestätige ich. „Aber der Theophilus hat's auch nicht gewusst. Hat nur die Schultern gezuckt. Ich denke, auf diese Frage gibt's keine Antwort."
„Weil du diese Frage gestellt hast, Bruder, deshalb bin ich in deine Werkstatt, deshalb bin ich zu dir gekommen."
„Was soll das alles bedeuten?", frage ich.
Er tritt an die Wand, schreibt neben die FISCH-Buchstaben neue Wörter. Neben das F schreibt er FREUND. Neben das I schreibt er IESUS. Neben das S schreibt er SUCHT und aus dem CH wird das Wort CHRISTEN.
„Lies!", sagt er.
Ich lese: „FREUND JESUS SUCHT CHRISTEN."
„Das ist ja wirklich ein Geheimzeichen", sage ich.
Er lacht wieder. „Ein Zeichen mit doppeltem und dreifachem Boden", sagt er. „Man kann auch sagen:
> FREUND
> JESUS
> SOHN GOTTES
> CHRISTUS
> HEILAND."

Er ist eifrig geworden. Seine Augen leuchten. Er ist ein Feuerkopf. Ich merke, dass ich aufgeregt werde. Er verrät mir nichts, dir nichts ein Geheimnis. Was ist das für ein Mensch?
Ich frage ihn: „Wer bist du?"
„Mein Name ist Paulus", antwortet er.
„Du sprichst so große Worte aus…", sage ich. „Und wer ist das, dieser JESUS?"
„JESUS ist die Antwort auf deine Frage, auf die Frage, die du an den Lehrling Theophilus gestellt hast: Was meinst du, wenn ein Mensch stirbt, ist dann alles aus?"
„Die Antwort auf diese Frage soll JESUS sein?", frage ich und staune.
„So ist es", sagt er und ist ganz sicher.
Und er lädt mich ein. Ich soll zur Versammlung der Christen kommen. An einem der nächsten Abende soll ich kommen. Da werde ich mehr hören.
Er hält, bevor er geht, noch einmal das Tuch mit beiden Händen empor und sagt: „Ein herrliches Tuch. Und du hast es begriffen, Bruder, ein Fisch ist mehr als ein Fisch." Er geht.
Damals bin ich zum ersten Mal dem Geheimnis der Zeichen begegnet. Ich singe laut und fröhlich:
> „Ein Fisch, ein Fisch
> ist mehr als ein Fisch."

Willi Fährmann

Das Leben der ersten Christen

Die Christen unterschieden sich durch ihre Lebensweise von ihren nicht-christlichen Mitbürgern.
Kein Christ kränzte bei einem Kaiserfest seine Tür, keiner ging in den Zirkus oder in das Theater, keiner machte beim Würfelspiel mit. Sie mieden die Gastmähler. Einige Römer sagten über sie: Sie gönnen sich kein Vergnügen. Aber was es mit dem christlichen Glauben wirklich auf sich hatte, wussten nur ganz wenige. Bekannt war nur: Sie versammeln sich in Privathäusern und sie halten gut zusammen. Das erregte bei manchen auch Verdacht.
Andererseits wurden sie bewundert: Auf die Christen konnte man sich verlassen. Sie waren ehrlich und zuverlässig. Ihnen war wichtig: nicht lügen, nicht stehlen, nicht betrügen, den Arbeiter richtig bezahlen, Versprechen einhalten, Armen und in Not Gekommenen helfen. Großen Eindruck machte auch die Verbundenheit der Christen untereinander.
Die Gottesdienste feierten die Christen in ihren Wohnhäusern. Sie trafen sich jeden Tag am Nachmittag zu einer gemeinsamen Mahlzeit in einem Privathaus. Jeder brachte so viel zum Essen mit, wie er konnte. Der Reiche mehr, der Arme weniger. Alle legten das Mitgebrachte auf einen gemeinsamen Tisch. Jeder erhielt von dem Essen einen Teil als Zeichen der Verbundenheit: Wir gehören zusammen. Dabei erinnerten sich alle an das Sterben Jesu Christi.
Wenn die Christen zur Versammlung kamen, umarmten und begrüßten sie sich mit einem Kuss. Wenn jemand etwas redete oder betete, sagten die anderen „Amen" dazu, d.h. „so ist es". Sie sangen gemeinsam und lasen einander aus den Schriften der Juden und aus den Briefen befreundeter Christen vor.

Jörg Thierfelder

S. MARIA ANTIQUA, ANTIKES GEBÄUDE, DAS FÜR CHRISTLICHE GOTTESDIENSTE GENUTZT WURDE, FORUM ROMANUM

Mit Symbolen umgehen – wie mache ich das?

Außer mit Texten und Bildern gehe ich im Religionsunterricht auch mit Symbolen um - mit „Zeichen" wie Kreuz und Fisch, Brot und Licht. So ein Symbol meint mehr, als es erscheint - und nicht immer kann ich es mit Worten erklären. Aber ich will etwas damit anfangen können.

- Ich sehe mir genau an, in welchem Zusammenhang das Symbol gebraucht wird.
- Ich überlege, was dieser Gegenstand o.Ä. eigentlich bedeutet, wofür er benutzt wird usw. Welche Erfahrungen habe ich damit schon gemacht?
- Ich kann Lexika benutzen, im Internet nachschauen oder Lehrkräfte, Eltern und andere fragen.
- Ich kann mich und andere danach fragen, welche Gefühle, Erinnerungen, Vorstellungen das Symbol bei mir bzw. ihnen auslöst.
- Ich beziehe das, was ich rund um das Symbol erfahren habe, auf Gott, auf Religion, auf wichtige Fragen in meinem Leben. Was wird neu oder anders? Kann ich dem Symbol für mich eine Bedeutung abgewinnen?

Aufgaben – Impulse – Projektideen

■ 93 FISCH: ▶▶Schreibgespräch: In die Mitte eines großen Blatts wird ein Fisch gemalt. Darum herum eröffnet ihr ein Wortfeld: Schreibt alles hinein, was euch einfällt, wenn ihr „Fisch" hört und denkt. Wenn die Aktion abgeschlossen ist, sichtet ihr das Ergebnis und sortiert: Welche dieser Einfälle passen zu „Fisch" als Symbol der Christen?

■ 94 PFINGSTEN: ▶▶„Das ist es!" – Erzählt euch von „Aha-Erlebnissen". Vergleicht mit dem Aha-Erlebnis im Text: Was ist anders? ▶Der Text verwendet Bilder für das Aha-Erlebnis der Jünger. Nenne sie und beschreibe, was sie ausdrücken. ▶▶Zwei Gruppen: Die einen lesen im Neuen Testament Apostelgeschichte 2,1–12; die anderen im Alten Testament Genesis 11,1–9. Fasst das Gelesene in einen Satz, der die Pointe der Erzählung (ihr Ergebnis) zum Ausdruck bringt. Findet im Austausch der Gruppenergebnisse einen Zusammenhang zwischen den beiden Erzählungen.

■ 95 BILD: ▶Beschreibe das Bild, als wäre es eine Illustration des Textes auf S. 94. ▶Zeichne aus den Strichen Sprechblasen. Schreibe hinein, was Jünger und Zeugen des Pfingst-Ereignisses gesagt haben könnten.

■ 96 LIED: ▶Das Lied ☺ hat drei Strophen: Erkläre die Abfolge und was sie verbindet.

■ 96 BILD: ▶▶Das Bild heißt „Pfingstfeuer". Interviewe dazu die Künstlerin – deine Nachbarin/dein Nachbar schlüpft in ihre Rolle.

■ 97 BILD: ▶Sieh im Internet, z.B. bei „Wikipedia", unter dem Stichwort „Taube" nach; erkläre dann die Taube auf dem Pfingstbild.

■ 98–99 PETRUS: ▶▶Lest euch die Petrus-Texte gegenseitig vor. ▶Versuche beim Hören diesen Petrus kennenzulernen: Was ist das für ein Typ? Wie sieht er für dich aus? Welche Stärken, welche Schwächen hat er? Schreibe anschließend ein „Gutachten" über ihn: für eine Bewerbung oder für eine Heiratsanzeige. ▶▶Gestaltet in Gruppen eine Petrus-Ikone. Dazu wird ein Bild von Petrus (selbst gemalt?) in die Mitte eines Plakatkartons geklebt. Darum herum werden Bilder mit Szenen aus dem Leben des Petrus geklebt. ▶Erkläre, warum Petrus mit einem Schlüssel dargestellt ist; lies dazu Mt 16,19.

■ 100 PAULUS: ▶Beschreibe, wie der Künstler des Mosaiks Paulus darstellt. ▶Lies den Text und vergleiche: Was ist bei Paulus anders als bei Petrus? ▶Schreibe einen Zeitungsartikel für die „Damaskus-Rundschau", in dem von dem merkwürdigen Vorfall berichtet wird, bei dem ein Mann aus Jerusalem erblindete und kurz danach wieder sehen konnte. ▶Vergleiche Lied ☺ und Text: Erläutere, welches Bild aus dem Wortfeld „Licht"/„Sehen" jeweils verwendet wird und wie es zu verstehen ist.

■ 101 MISSION: ▶Sag es mit eigenen Worten: Was schreibt Paulus a) über sich selbst, b) über viele Juden, c) über das neue Gesetz? ▶▶ Tragt eure Ergebnisse zusammen und diskutiert zu a), b), c), warum Paulus das wohl schreibt.

■ 102–103 APOSTELGESCHICHTE: ▶Suche die Szene mit dem Kämmerer auf dem Bild. Erzähle nach. ▶Suche weitere Szenen aus der Apostelgeschichte auf dem Bild: Apg 2,1–12; 3,1–8; 7,54–60; 20,7–12. Erkläre, wofür das Schiff steht und wofür die Strahlen oben rechts. ▶▶Schreibt (arbeitsteilig) ein Drehbuch „Kämmerer aus dem Morgenland". Probt die Szene und führt sie auf.

■ 104–105 EIN FISCH: ▶Beschreibe das Leben der ersten Christen. ▶Erkläre die Überschrift des Textes.

■ 106 DIE ERSTEN CHRISTEN: ▶▶Ihr seid Römerinnen und Römer und diskutiert über die neue „Sekte" der Christen. Teilt die Klasse in zwei Gruppen: Gegner und (vorsichtige) Bewunderer. ▶▶Informiert euch über die römischen Kaiser Nero, Diokletian, Konstantin und Theodosius; berichtet, wie sie den Christen und dem christlichen Glauben gegenüberstanden. ▶▶Gestaltet eine Wandzeitung: Christentum – verfolgt, erlaubt, alltäglich.

Entdeckt, verstanden, gestaltet

Die Sache Jesu – Nachfolge und Zeugnis

Ich kann	■ danach fragen, wofür Menschen einstehen, und prüfen, wie sie für ihre Überzeugungen eintreten.
	■ mit anderen die Glaubwürdigkeit von Menschen und Überzeugungen erörtern und hinterfragen.
Ich habe und kann	■ mich mit Ausschnitten aus der Apostelgeschichte beschäftigt
	■ beschreiben, wie aus enttäuschten Jüngerinnen und Jüngern begeisterte Verkündiger des Evangeliums wurden.
Ich kann	■ die Pfingstgeschichte (Apg 2) nacherzählen und
	■ erklären, warum Christen Ostern, Himmelfahrt und Pfingsten feiern.
Ich weiß,	■ dass Christen Gott als Vater, als Sohn und als Heiligen Geist erfahren und verkündigen.
	■ dass als *Heiliger Geist* der Mut und die Kraft beschrieben werden, mit denen Menschen für ihren Glauben an Jesus Christus eintreten.
Ich kenne	■ Geschichten von Petrus – von seinem Mut und seinem Versagen –
und kann	■ erklären, was es mit dem Hahn auf Kirchtürmen auf sich hat.
Ich kenne	■ die Geschichte des Paulus
und kann	■ von seiner Bekehrung und seinen Missionsreisen erzählen.
Ich weiß	■ von den Christenverfolgungen im Römischen Reich
und kann	■ erläutern, was ein *Märtyrer* ist.
Ich kann	■ die christlichen Symbole des Fisches, des Kreuzes, der Taube und des Wassers erläutern und anderen erklären, was Christen/ was ich darunter verstehe.

Die Bibel: Das Haus der vielen Türen

Das Haus der vielen Türen

Als der König merkte, dass sein Ende nahte, rief er seine drei Kinder zu sich und sprach: „Meine Tage sind gezählt, ich will euch nun bald euer Erbe geben. Da ihr mir alle gleich lieb seid, vermag ich nicht zu entscheiden, wer von euch am besten geeignet sein wird, das Reich nach meinem Tod gerecht zu regieren. Darum sende ich euch zum Haus der vielen Türen. Es steht, wie ihr wisst, in der Mitte unseres Landes in einem großen alten Park.

Vor langer Zeit ist es dort von unseren Urahnen erbaut worden. Es muss stets gepflegt und in Stand gehalten werden. Jederzeit soll es zugänglich und einladend für die Menschen unseres Landes bleiben, wenn sie Zuflucht, Trost und Orientierung brauchen. Immer wieder ist dieses Haus umgebaut und ausgebessert worden. Wie mir zu Ohren gekommen ist, sind in der letzten Zeit einige Zugänge von Gestrüpp überwuchert, einige nahezu verschüttet. Wem soll ich nach meinem Tod die Verantwortung dafür überlassen? Diese Aufgabe ist sehr wichtig, denn von dem Haus mit den vielen Türen geht eine große Kraft aus, die für ein gutes Zusammenleben unseres Volkes wichtig ist."

Als der König zu Ende gesprochen hatte, öffnete er ein kostbar verziertes Kästchen und entnahm daraus drei Schlüssel. Während er jedem seiner Kinder einen Schlüssel überreichte, sprach er weiter: „Im Haus der vielen Türen haben unsere Vorfahren für einen jeden von euch einen Schatz hinterlassen. Jede Generation muss ihn neu für sich entdecken. Macht euch auf die Reise und sucht ihn. Noch etwas: Jeder von euch muss seinen eigenen Eingang zu dem Haus finden, denn nur dort passt der Schlüssel. Die Aufgabe ist nicht leicht und nicht ohne Gefahren, am Ende aber wird eure Mühe belohnt. Der Schatz, den ihr finden werdet, birgt eine geheime Botschaft. Sie wird mir kundtun, wie ich mein Erbe an euch weitergebe. Nun geht, die Zeit drängt!"

Ursula Kirstein

M.C. Escher, 1953

Im Zelt wird erzählt

Was wir gehört haben und wissen, was uns die Väter erzählt haben, das wollen wir unseren Kindern nicht verbergen, sondern den kommenden Geschlechtern erzählen: die ruhmreichen Taten und die Stärke des Herrn, damit das kommende Geschlecht davon erfahre, die Kinder späterer Zeiten; sie sollen aufstehen und es weitergeben an ihre Kinder.

nach Ps 78,3-6

Isaak heiratet Rebekka. Sie erwartet Zwillinge: Schon im Mutterleib scheinen sich die beiden Kinder um das Vorrecht der Erstgeburt zu streiten. Esau wird zuerst geboren, dann folgt Jakob. Später ergaunert sich Jakob durch ein Linsengericht die Vorrangstellung von seinem Bruder. Mithilfe der Mutter betrügt er den Vater um den Erstgeburtssegen. Doch das ergaunerte Leben nützt ihm nichts, er muss vor der Rache des wütenden und betrogenen Bruders fliehen.

nach Gen 25,19-34 und Gen 27

Jakobs älterer Bruder Esau   Jakob

Isaak fordert seinen Sohn Esau auf, ihm ein Mahl zu bereiten, worauf er ihm sein Erbe übergeben will.

Rebekka möchte, dass Issak Jakob segnet.

Esau geht auf die Jagd.

Jakob gibt sich für Esau aus und erhält so versehentlich den Segen des alten Isaak. Damit gewinnt Jakob Esaus Erbe.

Esau gerät in Wut, als er die Nachricht erfährt.

Das Himmelstor

Jakob kam an einen Platz und übernachtete dort, weil die Sonne gerade untergegangen war. Hinter seinen Kopf legte er einen der großen Steine, die dort umherlagen.

Während er schlief, sah er im Traum eine breite Treppe, die von der Erde bis zum Himmel reichte. Engel stiegen auf ihr zum Himmel hinauf, andere kamen zur Erde herunter. Der HERR selbst stand ganz dicht bei Jakob und sagte zu ihm: „Ich bin der HERR, der Gott deiner Vorfahren Abraham und Isaak. Das Land, auf dem du liegst, will ich dir und deinen Nachkommen geben. Ich werde dir beistehen. Ich beschütze dich, wo du auch hingehst, und bringe dich wieder in dieses Land zurück. Ich lasse dich nicht im Stich und tue alles, was ich dir versprochen habe."

Jakob erwachte aus dem Schlaf und rief: „Wahrhaftig, der HERR ist an diesem Ort, und ich wusste es nicht!" Er war ganz erschrocken und sagte: „Man muss sich dieser Stätte in Ehrfurcht nähern. Hier ist wirklich das Haus Gottes, das Tor des Himmels!"

Gen 28,11–17

Jenny Dalenoord, 1974

Vom Zelt zum Haus

Gleich geht es los! Der dumpfe Klang des Widderhorns gibt das Signal zum Aufbruch. Langsam setzen sich Menschen und Tiere in Bewegung. Aufgeregt umkreisen die Hunde das zusammengetriebene Vieh. Die Zelte sind zusammengelegt, der Lagerplatz ist geräumt. Bald erinnert nichts mehr an die Menschen, die hier fast ein halbes Jahr seit der Regenzeit gelebt haben. Sorgenvoll fragt Ea ihre Mutter: „Hoffentlich kommen wir in diesem Jahr rechtzeitig zum Ende der Erntezeit im Tal an, sonst werden die Kanaaniter ihre abgeernteten Felder wieder anderen Nomadenstämmen überlassen, was soll dann aus uns werden?"

„Mach dir keine Sorgen, wir haben den Kanaanitern im letzten Jahr ein Stück Land bei den Gräbern unserer Väter abgekauft, dort können wir nun für immer unsere Zelte aufstellen. Es war ein teurer Handel, die Kanaaniter haben das Gebiet nicht umsonst hergegeben. Wenn du mehr wissen willst, lauf zu deinem Vater", antwortet die Mutter und gibt ihrer Tochter einen Schubs.

Eas Vater treibt die Schafe an einem felsigen Abhang vor sich her. Er muss gut aufpassen. Während Ea ihm bei der Arbeit hilft, fragt sie: „Vater, wenn wir nicht mehr jedes Jahr hin- und herwandern, kannst du uns nicht auch so ein feines Haus bauen, wie ich es bei den Kanaanitern gesehen habe?" „Vielleicht", lacht der Vater, „doch eins nach dem anderen. Wir müssen zuerst die Brunnen reparieren, die Felder bestellen und einen Altar bei den Gräbern unserer Väter errichten. Erst, wenn wir das geschafft haben, können wir damit beginnen, die Zelte zu Häusern umzubauen!" „Vater, wenn wir bei den Kanaanitern leben, werden wir dann auch ihre Götter verehren?" „Nein, Ea, wir bleiben unserem einen einzigen Gott treu. Er hat bis jetzt zu unserem Stamm gehalten, wir wollen seinen Segen nicht verlieren. Im letzten Jahr habe ich an einem Brunnen fremde Menschen aus der Wüste getroffen. Sie glauben auch an unseren Gott und nennen ihn Jahwe. Sie erzählen, dass Jahwe sie aus der Knechtschaft in Ägypten befreit hat. Als die ägyptischen Soldaten sie verfolgten, hat Jahwe ihr Heer im Meer untergehen lassen." Ea staunt. „Wie stark ist unser Gott! Selbst die mächtigen Ägypter kann er besiegen!" Da zeigt der Vater nach unten ins Tal. Ea kann den Jordan erkennen, er schlängelt sich im Sonnenlicht wie eine glitzernde Schlange durch das grüne Land. Links und rechts an seinem Ufer liegen die fruchtbaren Felder der Kanaaniter. Bald werden auch einige davon uns gehören, denkt Ea.

Ursula Kirstein

Palast und Tempel

Um sich besser verteidigen zu können, reicht das lockere Verteidigungsbündnis unter den israelitischen Stämmen bald nicht mehr aus. Zwischen 1200 und 1000 v. Chr. wird deshalb das Königtum eingeführt. Es gewährleistet eine dauerhaftere und besser organisierte Verteidigung. Der erste israelitische König heißt *Saul*, er wird von *David* abgelöst. Diesem gelingt es, das bisher militärisch weit überlegene Seevolk der Philister endgültig zu besiegen. Er vereinigt den Süden des Landes – Juda – mit dem Norden – Israel. War es David gelungen den äußeren Frieden an den Grenzen des Landes zu sichern, so setzt sich König *Salomo*, Davids Sohn und Nachfolger, für den Ausbau des inneren Friedens ein. Unter seiner Herrschaft wird der Tempel in Jerusalem gebaut, in dessen Allerheiligstem von nun an die Bundeslade (Truhe mit Gesetzesrollen) aufbewahrt wird. Für die Einhaltung der religiösen Weisungen sorgen Propheten.

BLICK INS JORDANTAL

Auch der König ist ihrer Kontrolle und Kritik ausgesetzt, er kann keine Willkürherrschaft ausüben.

Während Davids und Salomos Regierungszeit gibt es am Hofe fest angestellte Schreiber und Schreibschulen. Sie halten die wichtigsten Ereignisse des Reiches fest. Zum ersten Mal werden hier auch die alten mündlichen Überlieferungen Israels gesammelt und zu großen Schriftstücken zusammengefasst.

BARRAKIB UND SEIN SCHREIBER, UM 730 V. CHR.

Gott lebt auch in der Fremde

Jonathan: Die grausame Zerstörung Jerusalems ist nun über zwanzig Jahre her!
Simon: Tausende von uns wurden damals getötet oder hierher verschleppt.
Esther: Es grenzt an ein Wunder, dass wir den 1500 km langen Fußmarsch überlebt haben.
Simon: Die ersten Jahre in der Gefangenschaft waren hart.
Aaron: Das Gemeinste war, dass sie uns befahlen, in unserem Elend auch noch fröhliche Lieder zu singen.
Esther: Und höhnisch hinter uns herriefen: „Wo bleibt denn euer Gott?"
Jonathan: Obwohl es uns in der letzten Zeit hier besser geht, habe ich doch Heimweh.
Jonathan: Immer mehr junge Menschen aus unserem Volk achten unsere Religion nicht mehr. Sie sagen: „Lasst uns mit den alten Geschichten in Ruhe!"
Aaron: Bisher haben wir unseren Glauben von Familie zu Familie weitererzählt. Aber reicht das aus, hier, in der Fremde?
Simon: Nur wenn wir Gottes Gebote genau befolgen, wird er uns in die Heimat zurückführen.
Esther: Wir müssen etwas gegen das Vergessen tun! Lasst uns aufschreiben, was wir aus den alten Zeiten wissen und woran wir uns erinnern.
Simon: Am wichtigsten sind die Geschichten, die von Gottes Treue zu unserem Volk erzählen. Unser Gott, der Schöpfer aller Dinge, verlässt uns nicht. Halten auch wir ihm die Treue.
Aaron: Gott hat uns durch Mose mitgeteilt, wie wir leben sollen: Wir müssen die Sabbatruhe achten und all die anderen Gebote für ein gutes Zusammenleben ernst nehmen. Und als Zeichen unseres Bundes mit Gott müssen wir alle neugeborenen Söhne beschneiden lassen.
Esther: Gott wird uns nicht verlassen. Er wird uns erretten wie damals aus Ägypten!

Ursula Kirstein

> Das Tor war über 14 Meter hoch und bestand aus leuchtendblau glasierten Ziegeln, die mit Stieren und Drachen (Symbolen der Götter) verziert waren. Der König steht unter einem Schirm (als Zeichen seiner Königswürde) auf einem Wagen. Im vorderen Wagen befindet sich ein Hofbeamter.

EINE KÖNIGLICHE PROZESSION ZIEHT DURCH DAS ISCHTAR-TOR IN BABYLON

An den Wassern zu Babel saßen wir und weinten, wenn wir an Zion (Jerusalem) gedachten. Unsere Harfen hängten wir an die Weiden dort im Lande. Denn die uns gefangen hielten, hießen uns dort singen und in unserem Heulen fröhlich sein: „Singet uns ein Lied von Zion!" Wie könnten wir des Herrn Lied singen in fremdem Lande? *Ps 137,1–4 (Luther-Bibel)*

By the Rivers of Babylon

T./M.: Frank Farian / George Reyam / Brent Dowe / Tim McNaughton

Die Bibel, eine Ur-Kunde des Bundes zwischen Israel und Gott

Ich heiße *Michael* und bin 11 Jahre alt. Ich bin Jude. Meine Religion gehört zu den ältesten der Welt. Vor ungefähr 4000 Jahren kommen unsere Vorfahren als Nomaden nach Kanaan, wie unser Land damals genannt wird. Mit Abraham schließt Gott einen Bund. Gott verpflichtet sich darin, unser Gott zu sein, und wir verpflichten uns, seine Gebote zu halten. Wir glauben an denselben Gott wie die Christen. Wir glauben wie sie, dass es nur einen einzigen Gott gibt, der die Welt geschaffen hat. Er ist in der wechselvollen Geschichte immer mit unserem Volk gewesen. Die Großmächte Ägypten, Assyrien, Babylon, Persien, Griechenland und Rom, die unser Volk in der Geschichte immer wieder bedrängt haben, sind vergangen, aber Israel bleibt erhalten. Als meine Vorfahren 587 v. Chr. aus der babylonischen Gefangenschaft zurückkehren, nehmen sie ihre dort gemachten Erfahrungen sehr ernst. Sie denken viel über Gott und seine Weisungen nach. Priester und Weisheitslehrer sorgen dafür, dass Gottes Taten nicht in Vergessenheit geraten. Sie sammeln die alten Erzählungen, ordnen sie und schaffen so die Grundlage für die Bibel, wie wir sie noch heute haben. Wir haben in der Geschichte erfahren, dass unser Gott treu ist und uns durch die Zeiten begleitet. Einmal im Jahr feiern wir das Tora-Freudenfest. Im Gottesdienst werden alle Tora-Rollen siebenmal um das Vorlesebuch der Synagoge getragen. Die Gemeinde singt und tanzt dazu. Wir drücken damit unsere Dankbarkeit für dieses Buch aus, in dem die 10 Gebote und andere für uns wichtige Weisungen aufgeschrieben sind. Die hebräische Bibel ist ein Zeugnis, eine Urkunde unseres Bundes mit Gott, sie hilft uns, unser Zusammenleben zu regeln. Aus ihrer Lehre leben wir Juden bis heute, und, wie ich weiß, auch ihr Christen.

MICHAEL UND SEINE FREUNDE ASSAF (LINKS) UND SHUKI (RECHTS)

Die *Tora* von Michaels Familie ist eine Schriftrolle mit zwei Haltern.

Am *Sabbat*-Abend trinkt man Wein aus diesem speziellen silbernen Gebetsbecher.

Die *Tora* ist auf Hebräisch geschrieben.

In der Bibliothek

Das **Alte Testament** (AT) besteht aus ursprünglich 39 Büchern in hebräischer Sprache, die etwa zwischen 1000 und 50 v. Chr. entstanden sind. Sie sind in drei Gruppen aufgeteilt. Juden und Christen haben dieselben Schriften, sie teilen sie nur anders auf.

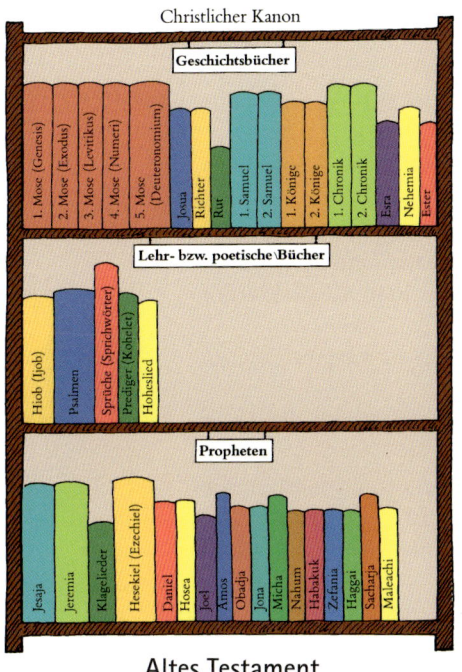

Im **Neuen Testament** (NT) wurden – ähnlich wie im Alten Testament – die Geschichten von Jesus nach seinem Tod (30 n. Chr.) zunächst mündlich überliefert. Bald aber genügte diese Art der Weitergabe nicht mehr, denn einerseits breitete sich der Glauben an Jesus Christus immer weiter aus, andererseits starben immer mehr Zeugen, die ihn noch selbst erlebt hatten und von seiner Lehre erzählen konnten. Die frühsten schriftlichen Aufzeichnungen sind die *Lehrschreiben des Paulus* (ca. 50 n. Chr.), die er an einzelne Gemeinden sandte. Diese Briefe wurden in den Gottesdiensten der Gemeinden verlesen, abgeschrieben und an andere Gemeinden weitergereicht. Auch mündlich überlieferte Worte Jesu, Berichte von seinem Leben, Leiden, Sterben und Auferstehen wurden nun gesammelt und aufgeschrieben. Wie die Briefe wurden sie von Gemeinde zu Gemeinde weitergereicht. Für die *Evangelisten Markus* (ca. 70 n. Chr.), *Matthäus* (ca. 80 n. Chr.), *Lukas* (ca. 90 n. Chr.) und *Johannes* (ca. 100 n. Chr.) waren diese Aufzeichnungen Grundlage für die Abfassung ihrer Evangelien. Der christliche Glaube sollte wie eine gute Nachricht weitergegeben werden. Das Wort „Evangelium" kommt aus der griechischen Sprache und bedeutet auf Deutsch „Gute Nachricht".

Es ist ein Ros entsprungen

Jesus ist vor einigen Tagen am Kreuz hingerichtet worden. Einige enge Freunde Jesu treffen sich am Abend zu Hause bei Hanna.

Jakob: Wie soll es jetzt nur weitergehen – ohne ihn?
Miriam: Das Kreuz – die schändlichste und grausamste Tötungsmethode, die einem Menschen angetan werden kann!
Hanna: Zum Gespött aller haben sie ihn gemacht.
Jakob: Ich kann die grausamen Bilder einfach nicht loswerden, selbst das Kreuz dort in der Laterne erinnert mich daran.
Markus: Mir geht es genauso, schwarz ist dieses Kreuz, es ist ein Bild des Todes.
Jakob: Können wir diesen Abgrund in unserem Leben jemals überwinden?
Miriam: Warum gerade er, der jeden Menschen ernst genommen hat?
Jakob: Ja, offen und aufrichtig war er und mutig, bis in den Tod. Warum musste er diesen schmachvollen Tod erleiden?
Miriam: Es ist dunkel geworden, lasst uns ein Licht in unserer Laterne anzünden.
Hanna: Seht einmal das Kreuz in der Laterne an: Jetzt strahlt das Licht dahinter warm und hell hervor!
Markus: Du hast Recht, es wirkt ein bisschen tröstlich. Es erinnert an die lebendige Ausstrahlung, die von Jesus ausgegangen ist.
Miriam: Wisst ihr noch, wie lieb und freundlich er sogar zu den Kindern war?
Hanna: Er hatte nicht einmal Angst, Kranke zu berühren!
Jakob: Ob Einheimischer oder Ausländer, arm oder schwach ...
Markus: ...er hat ihnen Vertrauen geschenkt, erinnert euch, selbst die verachteten Zöllner hat er nicht abgeschrieben.
Hanna: Er besuchte die Ausgestoßenen und teilte mit ihnen das Brot.
Jakob: Er hasste Gewalt. Gegen Rache und Vergeltung setzte er Geduld und Liebe, auch gegenüber dem Feind.
Miriam: Er hat mir auch Gott nahegebracht. Früher dachte ich immer, Gott sei ein grausamer Richter, jetzt ist Gott für mich wie ein Vater.
Hanna: Seinen Körper, den konnten sie töten, aber nicht seine Lehre, die ist wie das Licht hier.
Markus: Ich werde mein ganzes Leben nicht aufhören, von ihm zu erzählen.
Miriam: Mit diesem dunklen Kreuz ist doch nicht alles vorbei, nein, so eigenartig es klingt: Vielleicht fängt alles jetzt erst richtig an!
Jakob: Wir werden sein Licht weitergeben, alles von ihm berichten, was wir wissen und uns selbst Mühe geben, so zu leben wie er.
Markus: Das wird sicher nicht einfach. Wer von euch weiß eigentlich, wie es mit ihm angefangen hat?

Jakob: Also, ich habe ihn als Wanderprediger kennen gelernt; ich fand ihn so überzeugend, dass ich mich ihm angeschlossen habe.
Markus: Ich meinte: Ob ihr wisst, wo Jesu Leben begonnen hat? Wo ist er geboren?
Miriam: Er soll in einem kleinen Ort in Galiläa zur Welt gekommen sein, unter ganz ärmlichen Bedingungen. Seine Eltern waren einfache Leute, die Mutter hieß Maria und der Vater Josef, er soll Zimmermann gewesen sein.
Jakob: Elend und arm am Anfang des Lebens wie am Ende!
Miriam: Stimmt, nur macht mich dieser Gedanke nun nicht mehr so traurig. Es ist ein großes Glück, dass er geboren wurde, er hat für uns gelebt und ist, so fühle ich das jetzt, auch für uns gestorben.
Hanna: Wir wollen seine Freude und seinen Trost weitergeben an andere, die noch traurig sind!
Miriam: Das Kreuz ist nicht das Ende, es ist wie ein tot geglaubter Baum, der neue Blüten treibt.
Hanna: Und die neuen Triebe dieses Baumes sind wir.

Sieger Köder, 1991

Jakob: Jeder von uns wird von Jesus weitererzählen.
Markus: Und jeder von uns wird es anders tun, wir erinnern uns an verschiedene Dinge.
Jakob: Das ist eine gute Idee, es ist fast so, als ginge das Wort des Propheten Jesaja in Erfüllung.
Miriam: Lasst uns das alte Lied singen zu dem Licht in unserer Laterne.
Alle: *Es ist ein Ros entsprungen aus einer Wurzel zart, wie uns die Alten sungen, von Jesse war die Art und hat ein Blümlein bracht mitten im kalten Winter, wohl zu der halben Nacht.*

Ursula Kirstein

Eine freudige Nachricht

Kehrvers:
Eine freudige Nachricht breitet sich aus. Man erzählt
sie weiter von Haus zu Haus. In den Höfen, auf den Gassen,
auf den Plätzen, durch die Straßen läuft in Windeseile
sie in alle Welt hinaus.
Eine freudige Nachricht breitet sich aus.

1. Menschen lebten enttäuscht und verzagt, keiner, der noch zu hoffen gewagt. Doch da hat einer die Nachricht gesagt.
2. Erst war die Nachricht noch wie versteckt. Drei oder vier, die haben's entdeckt und haben die Nachbarn aufgeschreckt.
3. Türen und Fenster rissen sie auf, schrien's die Straßen hinunter, hinauf. Und so nahm die Freud' ihren Lauf.
4. Einer fragte den andern: „Du! Hast du's gehört? Was sagst du dazu?" Und Hunderte, Tausende wussten's im Nu.
5. Und wer es hörte irgendwann, die Nachricht, die viele Menschen gewann, für den fing ein neues Leben an.

T.: Martin Gotthard Schneider

In der Schreibstube

Die Bibel wurde aus den Ursprachen Hebräisch (AT) und Griechisch (NT) in das Lateinische übersetzt. Sie wurde oft abgeschrieben, im Mittelalter von besonders ausgebildeten Mönchen. Obwohl sie sehr sorgfältig und mit allergrößter Vorsicht arbeiteten, kam es häufig zu Abschreibfehlern.
Wissenschaftler versuchen bis heute in mühevoller Kleinarbeit, durch Vergleiche Fehler in den Texten festzustellen und zu berichtigen.
Seit der Erfindung des Buchdrucks durch *Johannes Gutenberg* (1445) und durch die Bibelübersetzung *Martin Luthers* (1522) wird die Bibel zum meistgelesenen Buch der Welt. Sie ist heute in 2092 Sprachen übersetzt. Martin Luthers Übersetzung ist jetzt schon fast 500 Jahre alt und muss immer wieder zeitgemäß überarbeitet werden:

Luther 1524

So will ich loben bey meynem leben, vnd meine hende ynn deynem namen auffheben.

Luther 1531

Da selbs wolt ich dich gerne loben mein leben lang. Und meine hende in deinem namen aufheben.

heutige Lutherbibel

So will ich dich loben mein Leben lang und meine Hände in deinem Namen aufheben.

Bibelstellen finden –
wie mache ich das?

Da es sehr viele unterschiedliche Bibelausgaben gibt, kann man nicht einfach sagen: „Schlage Seite 24 auf!" Deshalb ist es sinnvoll zu wissen, wie die Bibel aufgebaut ist.

- Ich schlage das dicke Buch auf und suche das Inhaltsverzeichnis.

- Ich bemerke, die Bibel ist ein großer Sammelband mit zwei Hauptteilen, dem Alten Testament (AT) und dem Neuen Testament (NT). *Achtung:* Manche Bibeln haben getrennte Inhaltsverzeichnisse für das Alte und das Neue Testament. Das Inhaltsverzeichnis für das Neue Testament steht dann da, wo das Neue Testament anfängt.

> **Inhalt des Alten Testaments**
>
> **Geschichtsbücher**
>
> Das erste Buch Mose (Genesis) 3
> Das zweite Buch Mose (Exodus) 59
> Das dritte Buch Mose (Levitikus) 106
> usw.

- Ich suche das genannte **Buch** (z.B. 1. Mose) im Inhaltsverzeichnis und schlage es auf. *Achtung:* Das Neue Testament beginnt wieder mit Seite 1.

- Nun suche ich das angegebene **Kapitel** (z.B. Kapitel 2). Oben auf jeder Seite stehen die Kapitelzahlen.

2 So wurden vollendet Himmel und Erde mit ihrem ganzen Heer. 2 Und so vollendete Gott am siebenten Tage seine Werke, die er machte und ruhte am siebenten Tag von all seinen Werken, die er gemacht hatte. 3 Und segnete den siebenten Tag und heiligte ihn, weil er an ihm ruhte von all seinen Werken, die Gott geschaffen und gemacht hatte. 4 So sind Himmel und Erde geworden, als sie geschaffen wurden.

- Wenn ich das Kapitel gefunden habe, suche ich darin den angegebenen **Vers** (z.B. Vers 2). Die Verse erkenne ich an den kleinen Zahlen vor den Sätzen.

Aufgaben – Impulse – Projektideen

▪ 111 BIBELN: ▶▶Beschreibt, was ihr auf der Titelseite seht. Findet Gründe, warum es wohl so viele unterschiedliche Bibelausgaben gibt. ▶Entwirf ein CD-Cover für ein Bibelhörbuch! ▶▶Überlegt, für welche Zielgruppe das Cover erstellt werden soll und gestaltet alternative Vorlagen. Vergleicht eure Arbeitsergebnisse; erläutert eure Vorstellungen.

▪ 112 HAUS DER VIELEN TÜREN: ▶Schreibe die Geschichte weiter. Stell dir vor, du bist eines der Königskinder: Zu welcher Tür passt dein Schlüssel? Wo entdeckst du den Schatz und wie sieht er aus?

▪ 113 BILD: ▶Dreh das Bild langsam hin und her: Was verändert sich? Stelle einen Zusammenhang her zwischen dem Bild und dem Märchen vom Haus der vielen Türen. ▶▶Bringt, wenn vorhanden, eine Bibel von zu Hause mit, erzählt, zu welchem Anlass sie in eurer Familie angeschafft wurde.

▪ 114 IM ZELT: ▶▶3 bis 5 Schüler/innen verlassen den Klassenraum. Wenn der/die Erste wieder hereinkommt, wird ihm/ihr z.B. die Geschichte von Jakob und Esau erzählt. Dann wird die nächste Person hereingerufen usw. Während der 4 Erzählrunden wird kommentarlos zugehört, nur Lachen ist erlaubt! Beobachtungsauftrag: Stellt fest, welche Veränderungen sich während der verschiedenen Erzählweisen ergeben haben. Notiert eure Beobachtungen.

▪ 115 HIMMELSTOR: ▶Zeichne ein eigenes Bild (DIN A5) zur Jakobsgeschichte und schreibe eine wichtige Textstelle aus dieser Geschichte in Schönschrift auf die Rückseite der Karte. Laminiere das Bild und zerschneide es in ca. 12 Einzelteile. Ein/e Mitschüler/in soll das Bild wieder zusammenpuzzeln.

▪ 116 ZELT/HAUS: ▶Schreibe stichwortartig aus dem Text heraus, was du über das Sesshaftwerden und den Glauben der israelitischen Nomadenstämme erfährst. ▶▶Schreibt und zeichnet die Entwicklungsschritte „Vom Zelt zum Haus" in Form einer Mindmap auf eine Folie. Präsentiert eure Darstellung abwechselnd.

▪ 117 PALAST/TEMPEL: ▶▶Spielt König und Hofschreiber. Diktiert euch in der abgebildeten Haltung gegenseitig kurze biblische Texte. Schreibt sorgfältig, sauber und möglichst fehlerfrei: Ps 4,9; 18,1–2; 26,8; 34,2; 36,6. Tauscht die Rollen.

■ 118 FREMDE: ▶Fertige eine dreispaltige Tabelle an – Überschrift: „Die Israeliten in Babylon". Die Überschriften für die Spalten heißen: Erfahrungen, Ängste, Glauben und Hoffnung. Schreibe aus dem Text passende Einträge heraus.

■ 119 LIED: ▶▶Übersetzt das Lied in die deutsche Sprache. Schreibt die englische oder deutsche Fassung auf ein großes Blatt Papier. ▶Lies Ps 137,1–4 und modelliere mit Ton eine der Personen, so wie du sie dir an den Flüssen Babylons in dieser Situation vorstellst. ▶▶ Stellt eure Figuren vor die Textplakate und ladet zur Besichtigung ein.

■ 120–121 BIBEL/BIBLIOTHEK: ▶Überlege dir mindestens 5 Fragen zum Text (S. 120), ▶▶spielt Eckenraten. ▶▶Recherchiert die Symbole der vier Evangelisten; ▶Suche dir eines der Symbole aus und gestalte damit das Deckblatt des entsprechenden Evangeliums. ▶Gestalte ein Lesezeichen, auf dem vorn die Bücher des AT, hinten die des NT aufgeführt sind. ▶▶Zeichnet eine Zeitleiste. Markiert darauf die 0 bis 100 n.Chr. in gleichmäßigen Abständen. Sucht die entsprechenden Ereignisse aus dem Text heraus und tragt sie ein.

■ 122–123 ES IST EIN ROS ...: ▶▶Fertigt aus schwarzem Tonpapier ein fensterförmiges Transparent. Hinterklebt es mit einem farbig hell gestalteten Mandala. Stellt unter Aufsicht eine Kerze hinter das Transparent. ▶▶Beschreibt das Bild: Was für Menschen sitzen dort zusammen am Tisch, was tun sie gemeinsam? ▶Schreibe aus dem Text Aussagen heraus, die zu dem Bild passen.

■ 124 SCHREIBSTUBE: ▶▶Vergleicht die Luthertexte. Findet Unterschiede und Gemeinsamkeiten. ▶Versuche den Text noch verständlicher zu formulieren. ▶▶Recherchiert im Internet und/oder Lexikon: das Leben Johannes Gutenbergs und Martin Luthers. Gestaltet Plakate zu ihrem Lebenslauf. ▶Wie könnte eine Bibelausgabe im Jahr 3005 aussehen, entwirf ein Zukunftsmodell.

Entdeckt, verstanden, gestaltet

Die Bibel – Zeugnis, Bekenntnis, Herausforderung

Ich kann	■ nach der Bedeutung biblischer Geschichten für die Gegenwart fragen.
	■ eigene Schlüssel zu ihrem Verständnis finden.
Ich habe	■ mich mit dem mündlichen Weitererzählen von Ereignissen und Geschichten beschäftigt
und kann	■ beschreiben, wie sich Geschichten beim Weitererzählen verändern.
Ich weiß,	■ aus wie vielen Teilen und aus wie vielen Büchern die Bibel besteht,
und kann	■ über die Zeit und Geschichte ihrer Entstehung berichten.
Ich weiß,	■ dass das, was Christen das Alte Testament nennen, weitgehend mit der Heiligen Schrift der Juden übereinstimmt.
Ich kann	■ erläutern, wie für Christen Altes und Neues Testament zusammengehören.
Ich kann	■ erklären, warum sich jüdischer und christlicher Glaube an der Person Christi und am Neuen Testament scheiden.
Ich kann	■ mit der Bibel umgehen und darin Texte finden, wenn sie mit Buch, Kapitel und Vers benannt sind.
	■ selbst Bibelstellen zitieren, indem ich Buch, Kapitel und Vers nenne.

Angst und Geborgenheit

Thomas Zacharias, 1990

Traurig

Manchmal kommt
ein großes schwarzes Tier,
das meine Freude auffrisst
und mein Lachen,
das mich festhält
in seinen Klauen
und nicht loslässt.
Manchmal kann ich nichts
dagegen machen – nur warten –
bis es geht, auf leisen Sohlen,
wie es gekommen ist.

Regina Schwarz

Emil Schumacher, 1989

Ein Traum

„Vater!", schreit das Kind
in der Nacht,
„ich hatte einen schlimmen
Traum.
Eine Hexe hat ganz schrecklich
gelacht
und überall sind Gespenster
im Raum!"
„Ja", sagt der Vater, „Donner
und Regen
toben draußen und Blitz
und Wind.
Ich will mich ein Weilchen zu
dir legen."
„Schön warm bist du", flüstert
das Kind.

Viola Richter

Wenn wir Angst haben

Angst kennt jeder Mensch und jedes Tier. Jeder hat viele Male in seinem Leben Angst, aber nicht jeder hat dieselbe Angst. Deswegen verstehen andere unsere Ängste manchmal nicht. Auch Kinder und Jugendliche, die ganz „cool" und sehr mutig sind, und Erwachsene, die furchtlos und stark auf uns wirken, haben bisweilen Angst. Man hat schon als Baby Angst und kennt sie auch noch, wenn man schon Großvater oder Großmutter ist. Nicht immer, wenn wir Angst haben, benutzen wir auch das Wort „Angst".
Wir sagen zum Beispiel:

– Mir wird ganz schlecht, wenn ich nur daran denke.
– Mir zittern die Knie.
– Das liegt mir im Magen.
– Es geht mir durch Mark und Bein.
– Bei dem Gedanken wird mir ganz übel.

Was kann im Körper passieren, wenn wir Angst haben?
Bei richtig großer Angst kann man bei sich selbst verschiedene Anzeichen beobachten:

– Ich habe Herzklopfen.
– Mir wird plötzlich ganz warm oder kalt.
– Ich fange an zu zittern.
– Im Mund fehlt mir die Spucke.
– In der Brust ist mir ganz eng.
– Ich muss viel öfter auf Toilette gehen.
– Ich kann nicht frei atmen.
– Mir wird schwindelig.
– Meine Muskeln sind angespannt.
– Ich schreie gleich los, wenn etwas Einfaches passiert.
– Ich passe nicht mehr richtig auf.
– Ich schlafe nicht mehr so gut wie früher…

Es gibt auch Ängste, die nützlich und schützend sind, die uns vor Gefahren warnen und auf die wir hören sollten. Wenn eine wirkliche Belastung oder Bedrohung vorliegt, ist Angst eine ganz normale Reaktion. Mutig ist nicht der, der Ängste nicht zugibt, sondern mutig ist der, der seiner Angst ins Auge sieht und versucht, mit ihr umzugehen.

Kirsten Boie
Hans-Jürgen und Antje Friese

Worte der Angst und der Verzweiflung

Thomas Zacharias, 1965

Sie legen mir Schlingen auf dem Wege, den ich gehe. (Ps 142,4)
Ich weine bitterlich und faste und man spottet meiner dazu. (Ps 69,11)
Meine Kräfte sind vertrocknet wie eine Scherbe
und meine Zunge klebt mir am Gaumen. (Ps 22,16)
Ich aber bin ein Wurm und kein Mensch. (Ps 22,7)
Alle, die mich sehen, verspotten mich. (Ps 22,8)
Ich bin wie ein zerbrochenes Gefäß. (Ps 31,13)
Das Wasser geht mir bis an die Kehle. (Ps 69,2)
Ich kann alle meine Knochen zählen; sie aber schauen zu und sehen
auf mich herab. (Ps 22,18)
Ich versinke in tiefem Schlamm, wo kein Grund ist; ich bin in tiefe
Wasser geraten und die Flut will mich ersäufen. (Ps 69,3)

Worte gegen die Angst – Worte des Vertrauens

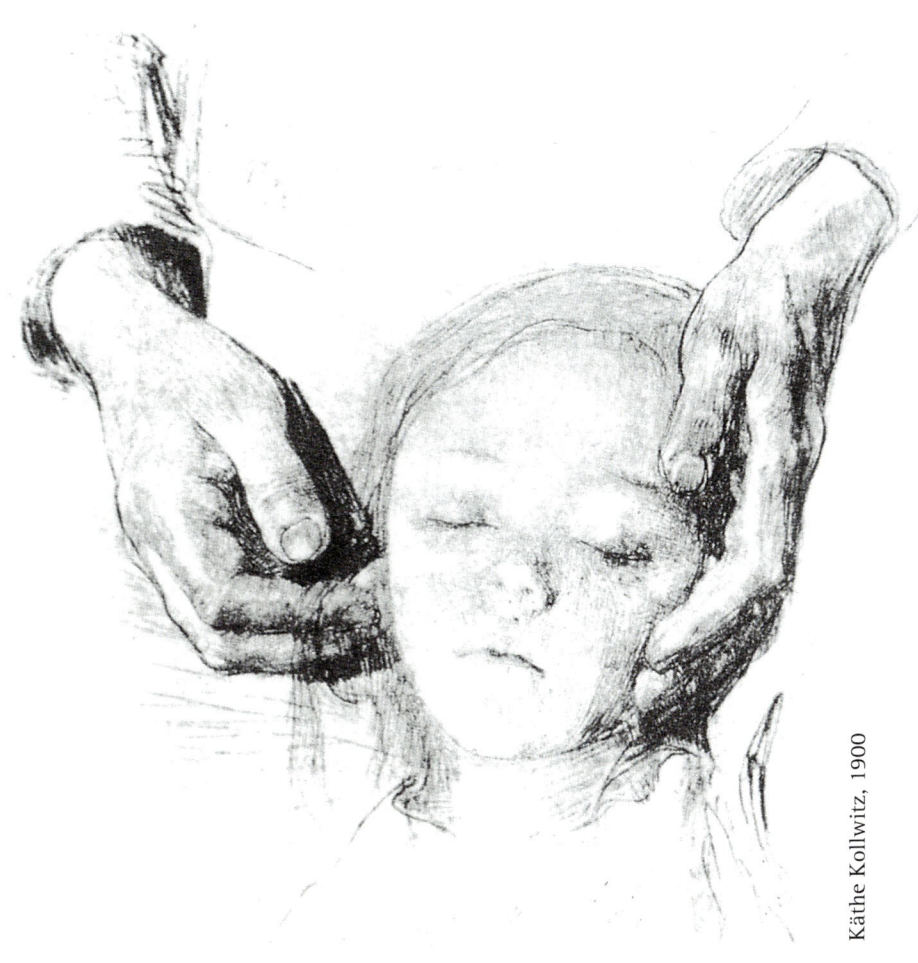

Käthe Kollwitz, 1900

Deine Hand hält mich fest. (Ps 63,9)
Du bist bei mir. (Ps 23,4)
Du tröstest mich in Angst. (Ps 4,2)
Du bist mein Helfer. (Ps 63,8)
Du bist mein Gott von meiner Mutter Schoß an. (Ps 22,11)
Du bist meine Zuversicht. (Ps 61,4)
Du errettest mich aus aller meiner Not. (Ps 54,9)
Du hörst mein Weinen. (Ps 6,9)
Du bist meines Lebens Kraft. (Ps 27,1)
Du hast mich aus der Tiefe gezogen. (Ps 30,2)
Du stellst meine Füße auf weiten Raum. (Ps 31,9)
Du machst mich sehr groß und tröstest mich wieder. (Ps 71,21)

Psalm 22

² Mein Gott, mein Gott,
warum hast du mich
verlassen?
Ich schreie, aber meine
Hilfe ist ferne.
³ Mein Gott,
des Tages rufe ich,
doch antwortest du nicht,
und des Nachts,
doch finde ich keine Ruhe.

Thomas Zacharias, 1989

⁵ Unsere Väter hofften auf dich;
  und da sie hofften, halfst du ihnen heraus.
⁶ Zu dir schrien sie und wurden errettet,
  sie hofften auf dich und wurden nicht zuschanden.

⁷ Ich aber bin ein Wurm und kein Mensch,
 ein Spott der Leute und verachtet vom Volke.
⁸ Alle, die mich sehen, verspotten mich,
 sperren das Maul auf und schütteln den Kopf.

¹⁰ Du hast mich aus meiner Mutter Leib gezogen;
   du ließest mich geborgen sein an der Brust meiner Mutter.
¹¹ Auf dich bin ich geworfen von Mutterleib an,
   du bist mein Gott von meiner Mutter Schoß an.

¹² Sei nicht ferne von mir, denn Angst ist nahe;
   denn es ist hier kein Helfer.

¹³ Gewaltige Stiere haben mich umgeben,
   mächtige Büffel haben mich umringt.
¹⁴ Ihren Rachen sperren sie gegen mich auf
   wie ein brüllender und reißender Löwe.
¹⁵ Ich bin ausgeschüttet wie Wasser,
   alle meine Knochen haben sich voneinander gelöst;
   mein Herz ist in meinem Leibe wie zerschmolzenes Wachs.
¹⁶ Meine Kräfte sind vertrocknet wie eine Scherbe
   und meine Zunge klebt mir am Gaumen
   und du legst mich in des Todes Staub.
¹⁷ Denn Hunde haben mich umgeben
   und der Bösen Rotte hat mich umringt;
   sie haben meine Hände und Füße durchgraben.
¹⁸ Ich kann alle meine Knochen zählen;
   sie aber schauen zu und sehen auf mich herab.
¹⁹ Sie teilen meine Kleider unter sich
   und werfen das Los um mein Gewand.

²⁰ Aber du, Herr, sei nicht ferne;
   meine Stärke, eile, mir zu helfen!
²¹ Errette meine Seele vom Schwert,
   mein Leben von den Hunden!

Zombies in der Nacht

Ich habe Angst.
Wie niedergedrückt
durch dunkle Wolken,
ich sehe kein Licht.

Ich habe Angst.
Wie eingepfercht
in einen dunklen Schlauch,
so fühle ich mich.

Ich habe Angst.
Wie unter Wasser gedrückt
und ohne Luft,
ersticke ich fast.

Alle Menschen haben Angst,
nur, wer gesteht sich das schon ein?
Ich spüre meine Angst
vor so vielem:
vor Krankheit und Aids,
vor Gewalt und Krieg,
vor Unfällen und Katastrophen,
vor Einsamkeit und Enttäuschung,
vor dem Verlust eines Freundes
und vor der Dunkelheit.
Gott,
lass mich in aller Angst
immer wieder ein Licht sehen,
lass mich erkennen,
dass nach jeder Nacht
ein neuer Morgen kommt.

Hermann-Josef Frisch
Rüdiger Pfeffer

Beten heißt – tief hinein wollen, ganz tief hinein, hinein in mich.

Beten heißt – hoch hinaus wollen, ganz hoch, hoch zu Gott.

Ich lobe meinen Gott, der aus der Tiefe mich holt

Ich lobe meinen Gott, der mir den neuen Weg weist,
damit ich handle. / Ich lobe meinen Gott, der mir mein
Schweigen bricht, damit ich rede. / Ehre sei Gott...

Ich lobe meinen Gott, der meine Tränen trocknet,
dass ich lache. / Ich lobe meinen Gott, der meine Angst
vertreibt, damit ich atme. / Ehre sei Gott...

T.: Hans-Jürgen Netz, M.: Christoph Lehmann

Psalm 23

¹ Der Herr ist mein Hirte, mir wird nichts mangeln.
² Er weidet mich auf einer grünen Aue und führet mich zum frischen Wasser.
³ Er erquicket meine Seele. Er führet mich auf rechter Straße um seines Namens willen.
⁴ Und ob ich schon wanderte im finstern Tal, fürchte ich kein Unglück; denn du bist bei mir, dein Stecken und Stab trösten mich.
⁵ Du bereitest vor mir einen Tisch im Angesicht meiner Feinde. Du salbest mein Haupt mit Öl und schenkest mir voll ein.
⁶ Gutes und Barmherzigkeit werden mir folgen mein Leben lang und ich werde bleiben im Hause des Herrn immerdar.

Hunderttausende auf der Flucht vor Bürgerkrieg: Bomben verhindern Kosovo-Gespräche organisieren Banden Straßenkinder organisieren bei Brand Acht Asylsuchende bei Brand verletzt Geldbörse mit Waffengewalt geraubt Kind in Hundebox gehalten Unfall an der Ampel: Zwölfjährige schwer verletzt Die Angst vor dem Krieg: Eine Frau kämpft auf der Flucht mit ihrer kleinen Tochter in der Kälte Giftalarm in Duisburg: Spielplatz gesperrt, Kinder müssen drinnen spielen Kindern soll geholfen werden: Jetzt kann Dzana geholfen werden: Die schweren Brandnarben des bosnischen Mädchens sollen in Deutschland medizinisch behandelt werden

Was tun gegen die Angst?

Die verschlossene Tür

Ich muss damals acht Jahre alt gewesen sein, als ich im Hause meiner Großeltern die Tür entdeckte, die mir Angst machte. Sie befand sich oben auf dem Dachboden des alten Gebäudes.
Es war eine gewöhnliche, braune Tür aus unbearbeitetem Holz. Einige Male war ich schon mit Großvater oben auf dem Dachboden gewesen, aber die Tür war mir noch nie aufgefallen.
„Opa, woher kommt die Tür?", fragte ich.
„Woher soll sie kommen, sie ist schon immer da", antwortete Großvater gleichmütig. Er suchte unter all dem Gerümpel nach leeren Flaschen.
„Und wohin führt sie?", fragte ich weiter.
„Nirgendwohin", sagte er, blies den Staub von einer Flasche und stellte sie zu den übrigen in einen Korb.
„Nirgendwohin? Das gibt es doch gar nicht. Ich meine: Wenn man da durchgeht, wo kommt man da hin?"
„Man kann nicht durchgehen."
„Habt ihr den Schlüssel verloren?"
„Nein, sie ist nicht abgeschlossen", sagte er und lachte ein wenig. „Du kannst sie öffnen, wenn du dich traust, die Spinnweben wegzuziehen."
Ich trat auf die Tür zu, streckte den Zeigefinger aus und wischte damit die Spinnweben fort, die vom Türgriff herabhingen. Irgendetwas hinderte mich daran, den Griff zu fassen, niederzudrücken und die Tür aufzuziehen.
An diesem Abend konnte ich lange nicht einschlafen. Immer musste ich an die Tür denken, die ich nicht geöffnet hatte und die ins Nirgendwo führte. Schließlich schlief ich doch ein und träumte von einer Tür, aus der eine große Hand griff, die mich hindurchziehen wollte. Ich sträubte mich dagegen, schrie und schlug um mich, bis Großmutter kam und mich wachrüttelte.
Während des Tages vergaß ich die Tür. Aber am Abend im Bett kam die Angst wieder. Und wieder hatte ich einen Alptraum, in dem eine riesige Tür eine Rolle spielte.

René Magritte, 1935

„Heute Nacht hast du wieder im Schlaf geschrien", sagte Großvater beim Frühstück. „Sag schon, was ist da los?"
„Ich fürchte mich vor der Tür", gestand ich.
„Vor der Tür?", fragte er verständnislos.
„Vor der Tür auf dem Dachboden."
Er schien zu begreifen. „Die Tür, die du aufmachen wolltest und dann doch nicht geöffnet hast", sagte er. „Da gibt es nur ein Mittel: Wir gehen zusammen nach oben und öffnen sie."
Er nahm mich an die Hand und wir stiegen gemeinsam die Treppen hoch zum Dachboden. Vor der Tür blieb er stehen.
„Mach auf!", sagte er.
„Kannst du sie nicht aufmachen?", fragte ich.
„Nein", sagte er. „Wenn man Angst hat, gibt es nur ein Mittel dagegen: Man muss durch die Angst durch. Wenn du die Tür öffnest, wirst du dich nie mehr vor ihr fürchten."
Ich stand vor der Tür und streckte die Hand nach dem Griff aus. Ich fand es lächerlich. Aber ich schaffte es nicht, diese Tür aufzumachen. Mein Mund war trocken, meine Hände zitterten. Ich fühlte Schweißtropfen auf meiner Stirn.
„Bitte, Opa, mach du die Tür auf", bat ich.
Er schüttelte den Kopf. „Du musst es selber tun", sagte er.
Mit einem Ruck riss ich den Türgriff nach unten und zog die Tür auf: Dahinter war nichts als eine rote Backsteinmauer.
„Du hast es geschafft", sagte Großvater erleichtert. „Siehst du, es ist genauso, wie ich dir gesagt habe, die Tür führt nirgendwohin."
„Aber warum ist da eine Mauer?", fragte ich.
„Früher haben dieses Haus und das Nachbarhaus zusammengehört, man konnte von einem Dachboden zum anderen gehen", erklärte er. „Als mein Vater das Haus gekauft hat, ließ er die Türöffnung zumauern. Darum ist da jetzt eine Mauer."
Natürlich habe ich später noch oft Angst gehabt, auch als Erwachsener. Aber Großvaters Rezept, dass man „durch die Angst durchgehen müsse", hat mir immer geholfen.

Paul Maar

Mit Psalmen umgehen – wie mache ich das?

Angst und Geborgenheit – das ist so ein Thema: Da gibt es nicht „richtig" und „falsch" und es ist nicht leicht, darüber zu reden. Gefühlen Ausdruck zu geben, um sie besser zu verstehen oder damit andere sie besser verstehen, kann ich z.B. an den Psalmen des Alten Testaments üben.

- Ich lese den Psalm langsam und laut. Oder ich höre, wie er langsam und deutlich gelesen wird.
- Ich achte auf die Bilder, die der Psalm mit seinen Worten malt.
- Ich bleibe an einem Bild hängen. Wenn der Psalm gelesen ist, kehre ich zu „meinem" Bild zurück.
- Ich male es mir weiter aus – mit Gedanken, Worten, Farben, in der Sprache der Musik oder meines eigenen Körpers.
- Ich lese eigene Bilder in den Psalm hinein. Ich überlege, wo ich „mitgehen" kann, wo nicht.
- Ich überlege, welche meiner Gefühle ich gern mitteilen möchte – und wie ich das tun könnte.
- Ich versetze mich in die Situation dessen, der den Psalm betet. Welche Erfahrungen, welches Schicksal hat er?
- Ich überlege, was es bedeutet: Der Psalmbeter trägt seine Gefühle vor Gott. Kann ich das auch? Ich versuche es, indem ich mir Worte des Psalms leihe und/oder eigene finde.
- Wir gestalten einen Psalm gemeinsam als Weg. Wir malen Bildworte und Szenen in Farben und Bildern, wir stellen die Szenen in der Gruppe nach, wir verklanglichen Stationen des Psalmwegs.

Aufgaben – Impulse – Projektideen

- **129 B‍ILD:** ▸Sieh dir zunächst nur den unteren Teil der Radierung an. Beschreibe, was der dargestellte Mensch fühlt. Stelle dann einen Zusammenhang zur oberen Hälfte her und gib dem Gesamt-Bild einen Titel.

- **130–131 T‍RAURIG/E‍IN T‍RAUM:** ▸Lies beide Texte und nenne ihr gemeinsames Thema. ▸Schreibe einen Beitrag für einen Erziehungsratgeber: Was hilft, wenn Ihr Kind schlecht träumt? ▸Stelle einen Zusammenhang her zwischen den beiden Texten und dem Bild in der Mitte. ▸▸Beschreibe einen Albtraum – dein Nachbar/deine Nachbarin soll ihn malen.

- **132–133 A‍NGST:** ▸„Man hat als Baby Angst und als Großmutter" – Erfinde einen „Lebenslauf der Angst": Zeichne einen Strahl von 0 bis 60 Jahre und schreibe bei 0, 5, 10, 20, 30, 40, 50, 60, wovor die Person Angst hat. Tausche mit deinem Nachbarn/deiner Nachbarin. ▸Schreibe zu den Ängsten „Gegenmittel gegen die Angst". ▸▸Diskutiert, in welchen Situationen Angst nützlich sein kann.

- **134 B‍ILD:** ▸▸Setz dich auf den Tisch und ahme die Haltung des Menschen auf dem Bild nach. Dein Nachbar oder deine Nachbarin beobachtet. Dann ist er/sie an der Reihe. Erzählt einander, wie ihr euch gefühlt bzw. was ihr beobachtet habt.

- **134 W‍ORTE DER A‍NGST:** ▸Lies die Psalmverse und such dir einen aus. Schreib ihn ab und gestalte ihn mit Worten oder Bildern. Bereite dich darauf vor, deine Gestaltung zu erläutern.

- **135 B‍ILD:** ▸Betrachte das Bild und entscheide, welcher der Psalmverse am besten dazu passt. ▸▸Vergleicht und diskutiert eure Wahl in der Klasse. ▸Zeichne das Gesicht des Kindes ab und dazu eine große Gedankenblase. Male oder schreibe hinein, was dem Kind im Kopf herumgeht. ▸Such dir einen der Psalmverse aus und schreibe dazu eine Geschichte oder ein Gedicht. ▸In allen Versen kommen eine 1. und eine 2. Person Singular vor: Beschreibe mit eigenen Worten, *wer* da *an wem* handelt – und *wie*.

- **136–137 P‍SALM:** ▸Nenne die Themen, die in dem Psalm angesprochen werden. ▸Schreibe einen Abschnitt deiner Wahl ab und gestalte dazu ein Bild, eine Collage oder verfasse dazu einen eigenen Text. ▸▸Gestaltet gemeinsam einen Psalmweg aus diesen Gestaltungen.

■ 136–137 Bild: ▶Suche einen Psalmvers aus, der gut zu dem Bild passt. Diskutiere deine Wahl mit anderen.

■ 138 Zombies: ▶Lies den Text und blättere zurück. Überlege, mit welchem anderen Text des Kapitels er Ähnlichkeit hat, und begründe deine Wahl. ▶▶Besprecht, was Zombies sind und wo auf der Seite sie wohl zu finden sind. ▶„Beten heißt …" – Erkläre, was diese beiden Sätze mit dem Rest der Seite zu tun haben. ▶„Beten heißt für mich …" – vervollständige den Satz. Lest euch eure Sätze gegenseitig vor – quer durch die Klasse.

■ 139 Lied: ▶Nenne die Taten, für die Gott in dem Lied ☺ gelobt wird. ▶Beschreibe, wie die Melodie des Liedes die Aussagen des Textes stützt. ▶▶Überlegt euch Bewegungen zu dem Lied, die die Aussagen unterstreichen.

■ 140 Psalm: ▶▶Lest den Psalm laut in der Klasse – abwechselnd – Vers für Vers – mit Vorbeter und Chor – im Wandern – als Rap. Lernt ihn auswendig. ▶Entziffere die Wörter hinter dem Psalm. ▶▶ Überlege mit einem Partner/einer Partnerin, warum der Gestalter der Seite den Psalm auf einen solchen Hintergrund gesetzt hat. ▶▶ Gestaltet (in Gruppen) einen neuen Hintergrund für den Psalm.

■ 141–142 Tür: ▶Nenne Großvaters „Rezept". Schreibe eine Geschichte, in der es geholfen hat. ▶▶Angenommen, der Großvater hätte den Jungen ausgelacht … Mit seinem besten Freund kann der Junge über den Vorfall reden. – Führt dieses Gespräch in der Klasse vor.

■ 141 Bild: ▶Betrachte die Schuhe auf dem Bild. Beschreibe sie jemandem, der sie nicht sieht, so dass er sie malen könnte. ▶Beschreibe den Unterschied zwischen Barfußgehen und dem Tragen solcher Schuhe.

Entdeckt, verstanden, gestaltet

Angst und Geborgenheit

Ich kann	■ über Ängste verschiedener Personen in verschiedenen Lebensphasen sprechen und sie in Bildern und/oder in der Sprache der Musik oder des eigenen Körpers zum Ausdruck bringen. ■ äußere Merkmale der Angst und ihre Auslöser beschreiben. ■ nachfühlen, wie es einem Geängstigten ergeht. ■ Situationen beschreiben, in denen Angst sinnvoll und gut ist.
Ich kann	■ Psalmworte gegen die Angst nennen und über Erfahrungen von Vertrauen und Geborgenheit sprechen.
Ich kenne	■ Psalm 22 und 23 und kann Bilder beschreiben, in die Psalmbeter ihre Ängste und Nöte gekleidet haben.
Ich kann	■ Psalm 23 auswendig vortragen.
Ich kann	■ über die Gattung Psalm Auskunft geben: wie viele es gibt, wie alt sie sind, welche Themen sie behandeln.
Ich kann	■ mich in einen Psalm hineinfühlen und die Gefühle ausdrücken, die er vermittelt oder in mir weckt.
Ich kann	■ mir die Sprache der Psalmen „leihen", um eigene Gefühle mitzuteilen.
Ich kann	■ beschreiben, welche Wirkung solches Aussprechen von Gefühlen vor Gott haben kann.
Ich habe	■ ein Gebet und ein Loblied aus heutiger Zeit kennengelernt und gesungen und mir Gedanken darüber gemacht, was Beten allgemein und für mich persönlich heißt.
Ich kenne	■ einige Wege, Angst zu bewältigen.
Ich kann	■ erklären, was „durch die Angst hindurchgehen" bedeutet.

Andere sind anders

Rotraut Susanne Berner, 1994

Der Axtdieb

Ein Mann hatte seine Axt verloren und vermutete,
dass der Sohn des Nachbarn sie ihm gestohlen hätte.
Er beobachtete ihn daher genau:
Sein Gang, sein Blick war ganz der eines Axtdiebes.
Alles, was er tat, sah nach einem Axtdieb aus.
Einige Zeit später fand der Mann zufällig die Axt unter
einem Bretterhaufen.
Am nächsten Tag sah er den Sohn des Nachbarn:
Sein Gang war nicht der eines Axtdiebes,
auch sein Blick war nicht der eines Axtdiebes.

Aus dem Chinesischen

Gebet eines Sioux-Indianers

O großer Geist, bewahre mich davor,
über einen Menschen zu urteilen,
ehe ich nicht eine Meile
in seinen Mokassins gegangen bin.

Zweisam

In der Gruppe bin ich stark,
gemeinsam sind wir wer.
Wir halten zusammen,
komme, was wolle.
Wir sind wie eine Festung
mit Mauern rundherum.
Wer drinnen ist,
wer sich anpasst,
wer dazu gehört,
der ist in.
Mit denen draußen
haben wir nichts zu tun,
die sind out.

Gott, du willst Gemeinschaft
über Grenzen hinweg.
Öffne unsere engen Grenzen
und weite unseren Blick.

Einsam

Keiner mag mich,
niemand
will etwas mit mir zu tun haben.
Ich bin ganz allein,
außen vor,
einsam.
Warum nur?
Wieso lassen die mich nicht?
Ich brauche doch Menschen,
ich brauche jemanden,
der mir Freund ist.
Ich bin ganz allein.
Einsam sein tut weh.

Gott, lindere den Schmerz
von Einsamkeit und Verlassenheit.
Lass mich Wege finden zu anderen
und die anderen zu mir.

Hermann-Josef Frisch / Rüdiger Pfeffer

Ich hätte Nein sagen können

Nora ist ganz gut in Sport. In einem Fußballspiel gegen die Nachbarschule hat Nora ihrer Mannschaft zum Sieg verholfen. Anschließend kommt sie als Letzte in den Umkleideraum.

Ich hatte mich ausgezogen, nahm mein Handtuch und ging auf die Dusche zu. Karin zog sich in einer Ecke an. Sie hat eine ganz besondere Art, sich nach dem Sportunterricht umzuziehen. Sie zieht sich nie ganz aus, sondern immer nur ein Kleidungsstück zur Zeit und dann zieht sie sofort ein neues an. Sie will nicht mal ihre Unterwäsche zeigen, so sehr schämt sie sich für ihren Körper.
„Karin?", hörte ich Fannys Stimme.
„Ja?"
„Duschst du eigentlich nie?"
Fanny wusste natürlich, dass Karin nie in der Schule duschte.
„Doch, ich...", murmelte Karin.
Ich wollte nichts mehr hören. Ich ging in den Duschraum. Aus dem Umkleideraum hörte ich Fannys Stimme: „Wie eklig! Wenn jemand nach dem Match nicht duscht. Wahrscheinlich ziehst du wieder dieselben Klamotten an und sitzt damit in der Klasse und riechst."
Das war gemein. Karin riecht nicht schlecht. Im Gegenteil, sie riecht nach Seife und frisch gewaschener Kleidung. Dass sie nach dem Sportunterricht nicht duscht, macht überhaupt nichts, denn sie tobt nicht herum wie wir anderen und schwitzt nicht unter den Armen.
Aus den Augenwinkeln sah ich, dass Fanny und Sabina in den Duschraum zurückkamen.
„Karin!", rief Fanny. „Komm mal eben her!"
„Warum?", hörte ich Karin aus dem Umkleideraum antworten.
„Wir wollen dir etwas zeigen", sagte Fanny.
Ich drehte mich um und sah Maja an der Tür zwischen Dusch- und Umkleideraum. Sie nickte Fanny zu, die mitten im Raum stand. Mit dem Wasserschlauch. Er war auf die Tür gerichtet und Fanny nickte zurück.
„Komm endlich!", rief Fanny.
Karin erschien in der Tür, vollständig angezogen.
„Was ist?", fragte sie.
Alles ging so schnell. Maja machte die Tür von der andern Seite hinter Karin zu. Fanny richtete den Schlauch auf Karin. Sabina drehte den Hahn auf. Der eiskalte Wasserstrahl traf Karin voll. Ich musste es mit ansehen. Ich wollte es nicht, aber ich musste. Das Wasser strömte über ihren Kopf und ihren Körper. Das Haar klebte an ihren Wangen und die Kleidung war schon durchnässt. Karin bibberte und weinte, aber sie versuchte nicht zu fliehen.
„Aufhören!", sagte eine kleine dünne Stimme. Ich merkte, dass es meine eigene war. Niemand hörte es. Ich weiß nicht, wie lange sie das trieben. Es kam mir vor, als ob es eine Ewigkeit dauerte, aber vielleicht war es nur eine halbe Minute. Schließlich sagte Fanny: „Jetzt reicht es."

Barbara Heinisch, 1987

Sabina drehte das Wasser ab und Maja öffnete die Tür zum Umkleideraum. Karin stürzte hinaus und im nächsten Augenblick knallte die äußere Tür zu.

Fanny packte ihre Sportkleidung ein und Sabina steckte sich die Walkman-Hörer in die Ohren.
„Wartet ihr auf mich?", fragte ich.
Die beiden guckten sich an. Das war so ein Blick, der andeutet, dass man sich insgeheim über etwas abgestimmt hat.
„Nein, wir wollen nach Hause", sagte Fanny. „Dann wollen wir in die Stadt, Schaufenster gucken. Wir nehmen die U-Bahn."
„Bis morgen also", sagte Sabina. „Tschüss."
Es zog kalt von der Tür her, als sie hinausgingen. Ich blieb allein zurück im Umkleideraum, zog mich so schnell wie möglich an und ging.

Der 54er-Bus kam gerade, als ich auf dem Weg zur Haltestelle war. Ich lief los, musste aber die Ringstraße überqueren. Für die Fußgänger war gerade Rot und viele Autos bogen rechts von der Hornstraße ein. Der Bus hielt und alle stiegen ein. Die Letzten, die einstiegen, waren Sabina und Fanny. Sie hatten gelogen. Sie wollten gar nicht mit der U-Bahn in die Stadt. Sie wollten nach Hause, aber sie wollten mich nicht dabeihaben.
Es hatte keinen Sinn mehr zu rennen. Das letzte Stück bis zur Haltestelle ging ich langsam. Da sah ich, dass jemand auf der Bank ganz hinten im Wartehäuschen saß.
Karin. Mit klitschnassen Kleidern. Die Haare klebten ihr am Kopf.
„Warum sitzt du hier? Warum bist du nicht mit dem Bus gefahren?"
Sie gab keine Antwort, guckte nur auf ihre nassen Sachen.
„Mensch, fahr nach Hause und zieh dich um!", sagte ich gereizt. Warum musste sie sich auch so dämlich verhalten?
„Sag, dass wir in der Dusche gespielt haben. Dass du nur zufällig nass geworden bist."
Karin schüttelte den Kopf.
Ich zog meine Jacke aus und hielt sie ihr hin.
„Hier", sagte ich. „Ich leih sie dir."
Sie guckte mich nur an. Es war fast, als ob sie nicht verstände, was ich sagte. Sie war ganz blass. Ihre Stimme war so schwach, dass ich sie kaum verstehen konnte.
„Alle hassen mich. Nur du nicht."
Da kriegte ich ein Gefühl, als ob mir jemand einen Rucksack aufgehängt hätte, der so schwer war, dass ich fast rückwärts umkippte. Wie damals vor zwei Jahren, als Papa, Anton und ich in den Bergen wandern wollten und Papa fand, ich müsste meine Sachen selbst tragen.
Es war zu schwer. Das hier konnte ich nicht tragen.
„Stell dich nicht so an", sagte ich. „Nimm endlich die Jacke. Wir nehmen den nächsten Bus."

Ich möcht', dass einer mit mir geht

Ich wart', dass einer mit mir geht,
der auch im Schweren zu mir steht,
der in den dunklen Stunden mir verbunden.
Ich wart', dass einer mit mir geht.

                Es heißt, dass einer mit mir geht,
                der's Leben kennt, der mich versteht,
                der mich zu allen Zeiten kann geleiten.
                Es heißt, dass einer mit mir geht.

                            T./M.: Hanns Köbler

Sieger Köder, 1989

Ein Mann namens Zachäus

An der Straße nach Jerusalem liegt die Stadt Jericho. Dort lebte ein reicher Mann namens Zachäus. Er wohnte in einem prächtigen Haus und hatte alles, was er sich wünschte. Aber niemand in der Stadt konnte Zachäus leiden. Die Leute zeigten sogar mit dem Finger auf ihn: „Seht den Gauner Zachäus! Er nimmt uns alles weg."
Zachäus war ein Zöllner. Jeden Tag saß er im Zollhaus bei dem Stadttor und hielt die Leute an, die in die Stadt gingen. Sie mussten ihm Zoll zahlen. Sonst durften sie nicht in die Stadt hineingehen. Zachäus verlangte viel Geld von ihnen, viel mehr, als er verlangen durfte, und mehr als alle anderen Zöllner in der Stadt.
So hatte Zachäus mehr Geld als alle. Aber er hatte keinen Freund. Er war der reichste, aber auch der einsamste Mensch in der ganzen Stadt.
Eines Tages saß Zachäus wieder in seinem Zollhaus. Viele Menschen waren an diesem Tag auf der Straße, viel mehr als sonst. „Was ist heute nur los?", fragte sich Zachäus. Und er lauschte angespannt, was sie einander zuriefen. „Hast du schon gehört?", riefen die Leute. „Jesus kommt in die Stadt! Gleich wird er da sein!" Zachäus horchte auf. Jesus? Er hatte schon viel von ihm gehört. Ob es stimmte, was andere Zöllner erzählt hatten, dass Jesus auch ein Freund der Zöllner ist? Zachäus musste es wissen, um jeden Preis!
Schnell stand er auf und lief aus seinem Zollhaus hinaus auf die Straße. Aber dort war schon alles versperrt. Die Menschen standen in dichten Reihen am Wegrand. Zachäus aber stand ganz hinten. Sehen konnte er nichts, auch wenn er sich auf die Zehenspitzen stellte. Was sollte er tun? Da hatte Zachäus einen Einfall. Ein Stück weiter stand ein Maulbeerbaum an der Straße. Schnell lief er dort hin, kletterte auf den Baum und versteckte sich zwischen den Ästen.
Da saß er nun in seinem feinen Gewand und wartete auf Jesus. Er achtete nicht auf die Leute, die auf ihn zeigten und über ihn lachten. Er sah nur auf die Straße, auf der Jesus kommen sollte. Und wirklich, da kam er! Er ging geradewegs auf den Baum zu, auf dem Zachäus saß. Nun blieb er sogar stehen, genau unter dem Baum! Er schaute nach oben. Er zeigte auf Zachäus. Er rief seinen Namen: „Zachäus! Komm schnell herunter! Ich muss heute zu Gast sein in deinem Haus!" Sogleich kletterte er vom Baum und führte Jesus zu seinem Haus. Weit öffnete er die Tür und ließ Jesus eintreten. Dann bat er ihn zu Tisch, setzte ihm köstliche Speisen vor und schenkte ihm edlen Wein ein. „Herr", rief er voll Freude, „jetzt will ich nichts mehr für mich allein haben. Ich will von nun an alles mit den Armen teilen. Und was ich anderen weggenommen habe, das will ich vierfach zurückgegeben. Ich verspreche es dir." „Ja", sagte Jesus, „alle sollen nun wissen, dass auch du zu Gott gehörst. Denn heute ist Heil in dein Haus gekommen."
Aber draußen vor dem Haus standen viele Menschen. „Was?", riefen sie empört. „Bei diesem Zöllner kehrt Jesus ein? Weiß er denn nicht, wie schlecht Zachäus ist?" Und sie ärgerten sich über Jesus.

nach Lk 19,1–10

Sieger Köder, 1991

Bitterschokolade

Eva betrachtete Karola und Lena. Lena hatte den Arm um Karola gelegt, sehr besitzergreifend, sehr selbstbewusst. So, genau so, hatte Karola früher den Arm um sie gelegt. Eva kannte das Gefühl von Wärme, das man fühlt, wenn man von jemand anders den Arm um die Schulter gelegt bekommt, so ganz offen, vor allen anderen, so selbstverständlich. Es tat weh, das zu sehen. Wussten denn die, die das taten, nicht, wie weh das den anderen tat? Denen, die niemand hatten, die allein waren, ohne Nähe, ohne jemanden, den man unbefangen anfassen konnte, wenn man wollte. Eva stand auf.

„Warum soll plötzlich jemand raus aus der Klasse? Ich finde das blöd", sagte Kathrin, die sonst sehr wenig sagte.
„Wir sollten uns das nicht einfach gefallen lassen", sagte Eva.
„Wir gehen jedenfalls nicht raus, ich und Eva", sagte Franziska ganz laut.
Eva wurde ganz warm vor Freude. Wir gehen nicht raus, ich und Eva.
„Wir wollen einen Brief schreiben bis morgen", schlug sie vor, „mit allen Argumenten dagegen, und dass wir entschlossen sind, uns zu wehren, wenn das Direktorat über uns bestimmen will. Den sollten wir alle unterschreiben und beim Direktor abgeben. Und uns auf keine Diskussion einlassen."
Susanne klopfte Eva anerkennend auf die Schulter.
„Also, was ist", sagte Susanne, „wer schreibt den Brief?"
Karola sagte: „Eva soll ihn schreiben. Sie kann das sicher am besten."
„Das glaube ich auch. Machst du es, Eva?"
Eva wurde rot vor Freude. „Gern", sagte sie. „Aber vielleicht sollten lieber mehrere den Entwurf machen."
„Ich mach mit", sagte Franziska. „Und Susanne sollte auch dabei sein. Und Anna."
Abends im Bett konnte Eva lange nicht einschlafen. Was für ein Tag war das gewesen! Die anderen hatten mit ihr geredet, als wäre das völlig normal, und sie hatten sogar auf sie gehört.
Eva trat noch einmal ans Fenster und schaute in die Dunkelheit. Franziska wohnte gar nicht so weit weg. Zu viert hatten sie um den Tisch gesessen und geredet und gelacht und geschrieben, und keiner hatte gesagt: „Die Eva soll gehen." Im Gegenteil. „Mensch, Eva", hatte Susanne gesagt. „Ich habe immer gedacht, du interessierst dich überhaupt nicht für uns. Du bist dir zu gut für uns, habe ich gedacht."
Eva lachte den Nachthimmel an. „Ich gehöre dazu", sagte sie laut. „Ich gehöre genauso dazu wie die anderen auch."

Eva und Franziska hatten gelernt und dann gingen sie in die Stadt. „Soll ich mit dir gehen?", hatte Franziska gefragt. „Ich gehe gern einkaufen."
„Ich weiß aber noch gar nicht, was ich will", hatte Eva zögernd geantwortet. Wie würde es sein, anprobieren, wenn Franziska dabei war?

Einkaufen mit der Mutter, das war etwas anderes. Die Mutter kannte Eva, schaute nicht auf den dicken Busen, wusste um die Größe ihres Hinterns. Franziska, hatte sie vielleicht noch gar nicht gemerkt, wie dick Eva war? Sie stand in der Kabine und bemühte sich verzweifelt, den Reißverschluss zuzumachen. Es ging nicht.
„Na, was ist?", fragt Franziska von draußen.
„Zu klein."
Franziska brachte die nächste Hose. Noch eine. Sie hob den Vorhang zur Seite und kam herein.
„Hier, probier mal."
„Aber die ist doch viel zu hell", sagte Eva. „So helle Farben machen mich doch nur noch dicker."
„Ach was. Helle Farben stehen dir sicher viel besser als ewig Dunkelblau und Braun."
Eva wagte nicht zu widersprechen. Sie hoffte, Franziska würde hinausgehen, würde nicht zusehen, wie Eva sich in die Hose quetschen musste. Aber Franziska ging nicht. Sie blieb auf dem Hocker sitzen und schaute zu.
„Die Farbe der Hose passt zu deinen Haaren", sagte sie.
„Genierst du dich nicht mit mir?", fragte Eva.
„Wieso?"
„Weil ich so dick bin."
„Du spinnst", sagte Franziska. „Wieso soll ich mich da genieren? Es gibt halt Dünne und Dicke, na und?"
Der Reißverschluss ging zu, ein bisschen schwer, aber er ging zu.
„So muss es sein", sagte Franziska. „Wenn du sie weiter nimmst, hängt sie morgen wie ein Sack an dir."
Die Farbe der Hose passte wirklich gut zu ihren Haaren. Sie war so hell wie ihre Haare am Stirnansatz. Franziska kam mit dem rosafarbenen Hemd zurück. „Hier, zieh an."
Dann stand Eva vor dem Spiegel, erstaunt, verblüfft, dass sie so aussehen konnte, so ganz anders als im blauen Faltenrock. Ganz anders als in den unauffälligen Blusen. Überhaupt ganz anders.
„Schön ist das", sagte Franziska zufrieden. „Ganz toll. Die Farben sind genau richtig für dich."
Dunkle Farben strecken, helle tragen auf. „Ich bin zu dick für so was. Findest du nicht, dass ich zu dick bin für solche Sachen?"
„Finde ich nicht", sagte Franziska. „Mir gefällst du so. Und was soll's! Im dunklen Faltenrock bist du auch nicht dünner. So bist du nun mal. Und du siehst wirklich gut aus. Schau nur!"

Und Eva schaute. Sie sah ein dickes Mädchen, mit dickem Busen, dickem Bauch und dicken Beinen. Aber sie sah wirklich nicht schlecht aus. Sie war dick. Aber es musste doch auch schöne Dicke geben. Und was war das überhaupt: schön?

Eva lachte. Sie lachte das Mädchen im Spiegel an. Und da geschah es.

Das Fett schmolz zwar nicht, aber es war ganz anders, als sie erwartet hatte, dass es sein würde, kein stinkender Fettbach floss in den Rinnstein, eigentlich geschah nichts Sichtbares, und trotzdem war sie plötzlich die Eva, die sie sein wollte. Sie lachte, sie konnte nicht mehr aufhören zu lachen, lachte in Franziskas erstauntes Gesicht hinein und sagte, während ihr das Lachen fast die Stimme nahm: „Wie ein Sommertag sehe ich aus. So sehe ich aus. Wie ein Sommertag."

Mirjam Pressler

Charley Case, 1999

Kieth Haring, 1987

Rollen spielen –
wie mache ich das?

Ich verstehe Menschen in ihrem Handeln und Fühlen nur, wenn ich lerne, mich in andere hineinzuversetzen. Das üben wir mithilfe von Rollenspielen.

- Unser Ausgangspunkt ist eine Erzählung mit verschiedenen handelnden Personen. Wir verteilen die Rollen und bereiten das Spiel in Kleingruppen vor.
    - Wir sammeln – soweit nötig – Informationen.
    - Wir entscheiden, wie sich „unsere" Personen verhalten sollen, und sammeln Argumente für ihren Standpunkt.
    - Wir besorgen uns Requisiten.

- Das Rollenspiel wird aufgeführt.
    - Dabei schlüpfen die Spielenden möglichst ganz in ihre Rolle.
    - Gesprächsregeln werden beachtet.

- Nach dem Rollenspiel erzählen die Spielenden von ihren Gefühlen und Eindrücken, die Zuschauer von ihren Beobachtungen. Beantwortet werden folgende Fragen:
    - Wie ist es euch ergangen?
    - Welche Lösung wurde deutlich?

- Andere spielen und neue Lösungen werden deutlich.

Aufgaben – Impulse – Projektideen

- 147 BILD: ▶Schreibe eine Geschichte zu dem Bild. ▶Übertrage das Bild auf ein Blatt Papier und male es weiter. ▶Lass dich von dem Bild zu einer Bildergeschichte inspirieren und male sie auf (2 bis 4 Bilder).

- 148 DER AXTDIEB: ▶Lies die Geschichte bis „Alles, was er tat, sah nach einem Axtdieb aus." Schreibe die Geschichte weiter. Oder: Schreibe ein Gespräch, in dem der Mann einem Freund seinen Verdacht mitteilt. ▶▶Überlegt gemeinsam, wie Vorurteile entstehen können und was man dagegen tun kann. ▶Erzähle ein Fallbeispiel zum Thema von „Der Axtdieb".

- 148 GEBET: ▶Beschreibe mit eigenen Worten, um was der Sioux-Indianer betet. ▶Schreibe in der Ich-Perspektive eines Mokassins.

- 149 ZWEISAM: ▶▶Die Gruppe wird mit einer Festung verglichen. Beschreibt oder stellt gestalterisch dar, wie das auf andere wirkt, die außerhalb der Gruppe stehen. ▶Nenne Beispiele für Gemeinschaft über Grenzen hinweg.

- 149 EINSAM: ▶Das Kind stellt eine Frage. Schreibe ihm und versuche eine Antwort. ▶Beschreibe, wie sich die Bitte des Kindes erfüllen kann. ▶Schreibe selbst ein Zweisam- oder ein Einsam-Gebet.

- 150–152 ICH HÄTTE ...: ▶„Es war zu schwer. Das hier konnte ich nicht tragen." – Zeichne Noras Rucksack und packe ihn, d.h., schreibe hinein, was ihn so schwer macht. ▶▶Überlegt, an welcher Stelle die Geschichte anders hätte verlaufen können. Bereitet in Gruppen ein Rollenspiel vor, in dem eines oder mehrere der Mädchen sich anders verhalten.

- 151 BILD: ▶▶Standbild: Lass dich von einem Partner/einer Partnerin so hinstellen wie die Person auf dem Bild. Eine Dritte/ein Dritter beschreibt, wie das wirkt. ▶▶Sammelt Titelvorschläge für das Bild (das Standbild) und stimmt ab. ▶▶Schreibt an den Verlag: „Das Bild passt gut/nicht gut zum Text, weil ..."

- 153 LIED: ▶Beschreibe den Fortschritt, den das Lied ☺ von Strophe zu Strophe vollzieht.

■ 154 BILD: ▶Suche dir eine der umherstehenden Personen aus und mache ihre Haltung und Gestik nach. Die anderen raten und begründen ihre Entscheidung.

■ 155 ZACHÄUS: ▶Einer fragt Zachäus: „Warum willst du unbedingt Jesus sehen?" – Zachäus antwortet: „...." ▶„Zachäus auf dem Baum" ist ein beliebtes Motiv in Bibelillustrationen – versuche ein ganz anderes Bild zur Zachäus-Geschichte zu gestalten.

■ 156 BILD: ▶Formuliere Gedanken, die der Frau durch den Kopf gehen. ▶Vergleiche das Bild mit der Geschichte von Zachäus und der von Karin. ▶Stell dir vor, du schaust in den Brunnen: Welches Gesicht soll sich neben deinem im Wasser spiegeln. Warum?

■ 157–159 BITTERSCHOKOLADE: ▶Zeichne „zwei Evas" – vor und nach dem Einkaufsbummel mit Franziska. ▶▶Legt die Bilder in die Mitte und diskutiert: Wie kann ich mich verändern? Was bringt mehr: abnehmen oder sich annehmen? Eine neue Hose oder ...? ▶Überlege dir, wem aus der Klasse du ein Kompliment machen könntest. Schreibe es auf und gestalte den Zettel schön.

■ 159 BILD: ▶Pause die Köpfe ab, schneide sie auseinander und
  – lege eine Szene einer Geschichte aus dem Kapitel nach;
  – schneide die Köpfe mehrfach aus und lege eine Geschichte des Kapitels nach. Du kannst dabei den Mund des mittleren Kopfes verändern;
  – wie b), aber lege eine eigene Geschichte zum Thema dieses Kapitels.

■ 160 BILD: ▶▶Stellt das Bild zu siebt nach. Erzählt danach, wie ihr euch gefühlt habt – als Getragene und als Tragende.

Vorschläge für Projekte

■ Führt einen *Kummerkasten* ein, um eure Anliegen zur Sprache zu bringen.

■ Wenn es viel Streit bei euch in der Klasse gibt, überlegt, ob ihr *Streitschlichter* einführen wollt. Holt euch dafür Hilfe beim Beratungslehrer.

Entdeckt, verstanden, gestaltet

Anders sein – eine Herausforderung

Ich kann	■ mit anderen über Erfahrungen von Freundschaft, Zugehörigkeit und Ablehnung sprechen.
	■ beschreiben, welchen Unterschied es macht, zu einer Gruppe dazuzugehören oder außen davor zu stehen.
Ich kann	■ anhand der Geschichte vom „Axtdieb" erklären, wie Vorurteile entstehen und wirken.
Ich kann	■ die Gefühle von Ausgegrenzten beschreiben, indem ich mich auf die Geschichten des Kapitels beziehe.
Ich kann	■ die Geschichte von Zachäus (Lk 19) nacherzählen und daran zeigen, wie Jesus auf Ausgegrenzte zugeht.
Ich kann	■ erläutern, wie schwer es ist, so wie Jesus zu handeln, und welche Folgen es für mich haben könnte.
Ich kann	■ mein eigenes Bedürfnis nach Menschen, die zu mir halten, zum Ausdruck bringen, z.B. durch das Singen des Liedes „Ich möcht', dass einer mit mir geht".

Zeit zum Leben – Zeit zum Feiern

Hildegard von Bingen, 1098–1179

Die Zeit und ich mittendrin

Manchmal vergeht die Zeit so schnell, man begreift nicht, wo sie eigentlich hingekommen ist. Dann wieder dehnt sie sich aus, ein einziger Vormittag scheint Jahre zu dauern.
Schon so lange läuft Lena in den Ruinen der uralten Römerstadt herum, müde lässt sie sich auf einen Steinblock fallen. Die Stimmen und Schritte ihrer Eltern entfernen sich weiter, immer weiter.
Stille.
Lena lässt den Kopf gegen die Steinmauer sinken und schließt die Augen. Sie atmet den Duft der wilden Kräuter. Die Zikaden singen ihr eintöniges, unermüdliches Lied von Sommer und Hitze und Sonne.
Lena kann sich einfach nicht vorstellen, dass diese Sonne im Augenblick auch zu Hause scheint. Es ist dieselbe, es gibt nur eine Sonne. Vielleicht saß genau an dieser Stelle, wo sie jetzt sitzt, einmal ein Römerkind, ein Mädchen in Lenas Alter. Wer kann das wissen? Damals war dieselbe Sonne schon da.
Wie Gott das wohl einteilt, wann jemand geboren wird? Nur er kann wissen, ob Lena auch einmal Kinder haben wird, und wann und wie viele. Nur er kann wissen, ob da, wo sie jetzt sitzt, das Römermädchen nachdachte, wie es wäre, in der Zukunft geboren zu sein.
Lena legt die Hände auf den Steinblock. Er ist so warm, da ist kein Unterschied, Stein oder Hand.
Sie will weiterdenken, etwas begreifen, aber nun geht es nicht mehr. Sie ist ja Stein. Wind und Regen über ihr, schon lange, lange Zeit. Die Sonne geht auf und wieder unter, wieder auf und wieder unter. Auch das ist vor langer Zeit so gewesen, aber es ist noch immer so und es wird noch lange Zeit so sein.
Ich bin nicht, denkt Lena.
Ich war schon, denkt Lena. Und: Ich. Dann ist alles leer, dort, wo sonst ihre Gedanken sind. Sie fühlt nur noch Wärme. Und dann ihr Herz, wie es klopft: ruhig und gleichmäßig und wunderbar.
Zeit, plötzlich begreift Lena, was das ist: Zeit. Nicht diese Linie auf der Tafel in der Schule. Auf ihr war die Zeit eingezeichnet, so lange die Erde besteht. – Es ist ganz anders. Man kann es auf keine Tafel der Welt malen. Die Zeit ist ein riesiges Loch. Alles fällt hinein und fällt und fällt: Saurier, Mammuts und geflügelte Fische, Meere, Berge, Schachtelhalmwälder, alles, millionenjahrelang, ununterbrochen. Menschen gibt es sowieso erst seit ein paar Minuten, Lena erst seit einer Sekunde! Achtzig Jahre wird sie möglicherweise leben, achtzig mal dreihundertfünfundsechzig Tage. Das ist lange und trotzdem nicht länger als eine Sekunde. Dann kommt wieder Zeit und immer noch Zeit, wieder Jahrmillionen oder noch länger, wie lange, weiß nur Gott.

Susanne Kilian

Marc Chagall, 1930–39

Wie das Jahr, die Monate, die Woche und die Tage entdeckt wurden

Schon vor vielen tausend Jahren wollten die Menschen sich nicht nur einfach von der Zeit forttragen lassen. Sie wollten die Zeit gerne messen und einteilen. Sie dachten: So können wir uns besser zurechtfinden, unser Leben ordnen, können planen und Verabredungen treffen.

Wir wissen heute von den alten Völkern der Babylonier und Ägypter vor ungefähr 5000 Jahren, wie sie anfingen, die Natur zu beobachten. Sie merkten sich genau, wann die Sonne aufging, es hell wurde, wie die Sonne dann über den Himmel wanderte, bis sie am Abend wieder am Horizont verschwand und es dunkel wurde. Sie nannten die helle Zeit Tag und die dunkle Zeit Nacht. Weiterhin beobachteten sie den Mond, wie die Mondsichel zunahm und der Mond rund und voll wurde, aber danach wieder abnahm, bis er für eine kurze Zeit nicht mehr zu sehen war. Sie beobachteten den Sternenhimmel und auch, wie die Natur sich veränderte. Alle ihre Beobachtungen versuchten sie in eine Ordnung zu bringen. Die Herrscher der Völker beriefen hierzu die weisesten Männer.

Die Mondrechner beobachteten den zunehmenden und abnehmenden Mond und nannten diese Zeit einen Monat. Zwölf Mondumläufe ergaben 354 Tage. Die Sonnenrechner richteten sich nach dem Lauf der Sonne. Sie fanden heraus, dass zweimal Tag und Nacht gleich lang waren und genau nach 365 Tagen dasselbe wieder eintrat. Diesen Kreis von 365 Tagen nannten sie den Jahreskreis. Sie teilten nun das Jahr in zwölf Sonnen-Monate ein.

Das war aber nun ein schönes Durcheinander, einmal 354 und einmal 365 Tage! Zunächst wusste niemand Rat für dieses Durcheinander. Und überhaupt, ein Monat war auch noch eine lange Zeit. Die Menschen teilten den Monat in vier Wochen ein und die Woche dann noch einmal in sieben Tage. Die Babylonier arbeiteten sechs Tage und feierten jeden siebten Tag des Mondmonats als Ruhetag. An diesem Tag brachten sie Opfer für ihre Götter dar, um sich bei ihnen zu entschuldigen und sie milde zu stimmen. Die Zahl Sieben war eine heilige Zahl. So hatte die Woche sieben Tage und der siebte Tag war ein heiliger und ernster Tag.

Ähnlich und doch anders war es bei dem alten israelitischen Volk. Der Bericht über die Schöpfung erzählte ihnen, dass Gott ihnen die Erde anvertraut hatte. Am siebten Tag ruhte Gott, freute sich an seinem Werk und machte den siebten Tag für alle Menschen zum besonderen Ruhetag. Den nannten die Juden Sabbat. Niemand sollte an diesem Tag arbeiten.

Wie der Kalender entstanden ist

Ungefähr 50 Jahre bevor Jesus geboren wurde, herrschte in dem großen römischen Reich Julius Cäsar. Er ließ eine Reihe kluger und gelehrter Männer an seinen Hof kommen. Sie sollten Sonne, Mond und Sterne noch einmal ganz neu beobachten und den Jahreskreis neu errechnen. Sie stellten fest, dass das Jahr 365 und 1/4 Tage hat. Cäsar ordnete nun an, dass ein Jahreskreis 365 Tage dauern sollte. Das eine Viertel sollte aufgehoben werden, bis ein Tag voll war, also alle vier Jahre. Dann sollte dieses Jahr 366 Tage haben. Sieben Monate erhielten 31 Tage, vier Monate 30 und ein Monat 28 Tage, alle vier Jahre 29 Tage. Das war das Schaltjahr. Alle glaubten, das alte Zeitdurcheinander sei endlich vorbei.

Es war ein Papst, nämlich Gregor XIII., der lange Zeit danach neue Berechnungen ausführen ließ. Als Ergebnis kam heraus: Das Jahr hat 11 Minuten und 14 Sekunden weniger als 365 1/4 Tage. So konnte im Jahre 1582 ein genauer Kalender eingeführt werden. Allerdings hat es noch einmal ungefähr 200 Jahre gedauert, bis alle mit diesem Kalender einverstanden waren.

Hermine König

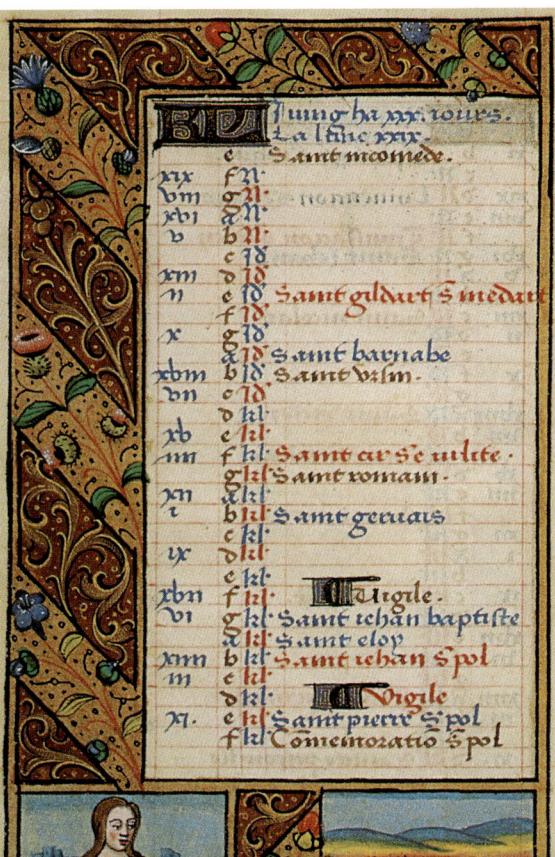

FRANZÖSISCHES STUNDENBUCH, UM 1510

Die Gabe des Adlers

Ein einsames Eskimopaar erzieht seinen ältesten Sohn zu einem tüchtigen Jäger, der aber während einer Jagd spurlos verschwindet. Dasselbe Schicksal erleidet der zweite Sohn. Der dritte schließlich wird, als er in der Wildnis umherstreift, von einem Adler überrascht.
Dieser schiebt seine Haube vom Kopf zurück und verwandelt sich in einen Menschen. Er bedroht den Jüngling mit dem Tode, wenn er nicht ein Sängerfest abhalten werde. Als der Rentierjäger dazu gerne bereit ist, wird er zu der alten Adlermutter geführt, die auf einem hohen Gebirge thront. Dort lernt er alles, was zu einem wirklichen Fest gehört: Gesänge zu dichten und zu singen, die Trommel zu schlagen, vor Freude zu tanzen und eine Festhütte zu bauen. Dann erfährt er, dass man viel Fleisch heranschaffen und Menschen einladen müsse. „Es gibt doch keine anderen als uns", antwortet der Jüngling. „Die Menschen sind allein, weil sie die Gabe des Feierns nicht bekommen haben", erwidert die Adlermutter und verspricht, Gäste zu beschaffen. Der junge Adler fliegt dann mit dem Rentierjäger zurück, der das Fest den gegebenen Anweisungen gemäß veranstaltet. Die Gäste, in Wolfs-, Vielfraß- oder Fuchsfelle gekleidet, stellen sich paarweise ein.
Nach Beendigung des Festes sehen Vater und Sohn, dass ihre Gäste wieder Tiere werden. Denn „so gewaltig ist die Macht des Feierns, dass darunter sogar Tiere Menschen werden können". Der Jüngling erblickt noch einmal die Adlermutter, die wieder jung geworden ist. „Denn wenn die Menschen Feste halten, werden alle alten Adler verjüngt, und deshalb ist der Adler der heilige Vogel des Gesanges, des Tanzes und des Festes."

Zeit zum Feiern – Zeit zum Ruhen

Ein Forschungsreisender unternahm einmal einen Gewaltmarsch durch den Urwald am oberen Amazonas. Zunächst kam die Expedition unerwartet schnell vorwärts.

Am dritten Morgen aber blieben alle Einheimischen mit ernsten Mienen auf den Fersen sitzen und machten keine Anstalten aufzubrechen.

Erstaunt fragte der Forscher, ob die Träger mehr Geld verlangten oder mit dem Essen nicht zufrieden seien. „O nein, mein Herr", antwortete der Sprecher. „Wir können nicht weitergehen, weil unsere Seelen zurückgeblieben sind, und nun müssen wir warten, bis sie unsere Körper wieder eingeholt haben."

Eugen Rucker

Pablo Picasso, 1954

Feste im Kirchenjahr

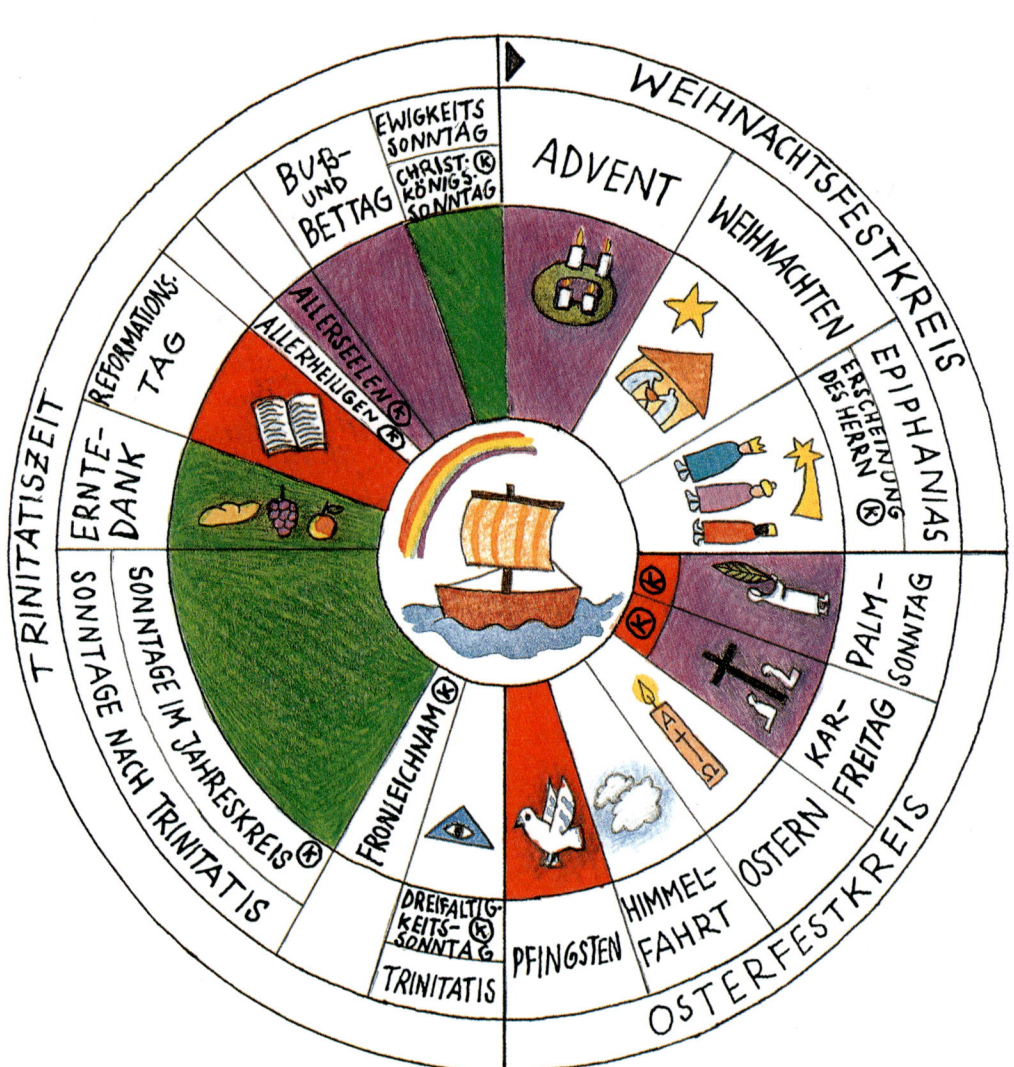

*D*as *Kirchenjahr* stimmt nicht mit unserem Kalenderjahr überein. Wenn das Kalenderjahr im Dezember mit Advent, Weihnachten und Silvester zu Ende geht, hat für Christen das neue Jahr schon begonnen. Das „Kirchenjahr" (1589 von Pastor Johannes Pomarius so benannt) beginnt mit dem ersten Advent und endet mit dem Ewigkeitssonntag (Totensonntag).

Der *Kirchenjahreskreis* bildet die verschiedenen, jedes Jahr wiederkehrenden Feste ab. Die meisten Feste haben evangelische und katholische Christen gemeinsam, wenn sie auch manchmal unterschiedliche Bezeichnungen dafür kennen. So heißt der „Ewigkeitssonntag" bei Katholiken „Christkönigssonntag". Fronleichnam, Allerheiligen und Allerseelen feiern nur die Katholiken, Reformationsfest und Buß- und Bettag wiederum nur die evangelischen Christen.

Drei Jahreszeiten hat das Kirchenjahr: den *Weihnachtsfestkreis*, den *Osterfestkreis* und die *Trinitatiszeit*. Einige christliche Feste haben ein festes Datum:

- 6. Januar Epiphanias (Erscheinungsfest, Heilige Drei Könige)
- 31. Oktober Reformationstag
- 11. November Martinstag
- 6. Dezember Nikolaustag
- 24. Dezember Heiligabend
- 25./26. Dezember Weihnachten.

Andere Feiertage sind beweglich. Ostern zum Beispiel ist am Sonntag nach dem ersten Frühlingsvollmond, das kann Ende März bis Mitte April sein. Danach richten sich Himmelfahrt (40 Tage nach Ostern) und Pfingsten (50 Tage nach Ostern).

Jedes Fest und jede kirchliche Jahreszeit hat eine besondere – liturgische – Farbe. Tücher an Altar und Kanzel zeigen sie an („Antependien" oder „Paramente"):

- *Weiß:* Farbe der Vollkommenheit. Sie steht für den Glanz Gottes und die Freude über Jesus Christus. Alle Christusfeste tragen die Farbe Weiß.
- *Rot:* Farbe des Feuers. Sie steht für den Heiligen Geist und die Kraft Gottes. Alle Feste der Kirche tragen die Farbe Rot.
- *Grün:* Farbe der Hoffnung. Sie steht für Saat und Ernte, für Wachsen und Reifen.
- *Violett:* Dunkel – steht für die Sehnsucht des Menschen nach Licht und neuem Leben, auch für Buße und Besinnung, für Stille, Nachdenken und Vorbereitung.

Meine Feste – deine Feste

 ## Martinstag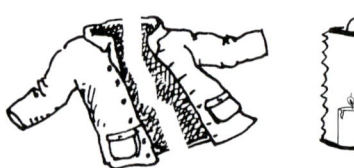

Im Jahre 316 wurde einem römischen Offizier in Sabaria im heutigen Ungarn ein Sohn geboren. Er nannte ihn nach dem römischen Kriegsgott Martinus, kleiner Mars, weil er hoffte, dass sein Sohn ein tüchtiger Soldat würde.
Als Martin fünfzehn Jahre alt war, erfüllte sich der Wunsch des Vaters. Der Sohn wurde Soldat der kaiserlichen Reiterei in Gallien, bekam ein Pferd und einen Soldatenmantel. Weniger dagegen gefiel es dem Vater, dass Martin sich zum Christentum hingezogen fühlte.
Martin gab sich – anders als andere Offiziere – zufrieden mit nur einem einzigen Diener. Er aß mit seinem Begleiter, bediente ihn bei Tisch und putzte seine Stiefel selbst, weil er von Jesus gehört hatte, dass auch dieser seinen Freunden die Füße gewaschen hatte.
Einmal ritt Martin durch das Stadttor von Amiens. Dort saß in eisiger Winterkälte ein notdürftig bekleideter Armer. Der flehte um Erbarmen. Martin hatte nichts als seinen Mantel. Da zog er kurzerhand sein Schwert, schnitt den Mantel mitten durch und gab dem Armen eine Hälfte ab.
In der folgenden Nacht hatte Martin einen Traum: Er sah Jesus, der die verschenkte Hälfte von Martins Mantel um sich gewickelt hatte. Und er hörte Jesus zu den Engeln sagen: „Martin ist zwar noch nicht getauft, aber seht, er hat mich mit diesem Mantel gekleidet. Denn was immer ihr einem meiner geringsten Brüder tut, das habt ihr mir getan."
Dieser Traum gab den Ausschlag: Am Osterfest des Jahres 334 ließ Martin sich taufen. Er blieb danach noch einige Zeit Soldat, kam aber mehr und mehr zu der Überzeugung, dass Christsein und Kriegsdienst sich nicht vereinen ließen. Endlich entließ der Kaiser Martin aus dem Heer. Der Vater konnte seinen Sohn nicht verstehen und wies ihn von sich. Die Mutter hielt zu ihm und wurde später auch eine Christin.
Martin ging zunächst zu Hilarius, dem Bischof von Poitiers, der ihn in der christlichen Religion unterrichtete. Dann lebte Martin in Armut und Abgeschiedenheit auf einer Insel im Mittelmeer nahe bei Genua. Später kehrte er nach Poitiers zurück, lebte auch dort einsam, mit sich und Gott allein und wurde ein weiser, von den Menschen geachteter Mann.
Junge Männer schlossen sich ihm an, die mit ihm leben und von ihm lernen wollten. Als im Jahre 371 der Bischof in Tours starb, wollten die Menschen Martin zu seinem Nachfolger machen. Eine alte Geschichte erzählt, Martin habe nicht gewollt und sich in einem Gänsestall versteckt. Die Gänse aber hätten ihn verraten...

Sigrid Baden-Schirmer

Il Sassetta, 1433

 Das Fest der Lichter – Chanukka

 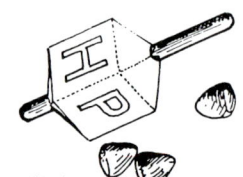

Als Friedmanns nach Hause kamen, duftete es schon bald herrlich nach Essen. Lea zog sich schnell um, schlüpfte aus dem neuen Kleid, das sie in der Synagoge getragen hatte, in Jeans und Pullover und rannte die Treppe hinunter ins Wohnzimmer, wo die Eltern schon auf sie warteten.

Ein großer Leuchter aus Silber stand blitzblank geputzt auf dem festlich gedeckten Tisch. Die neun Arme der Menora waren groß und ausladend. Acht Kerzen standen in einer Reihe und der neunte, leere Platz für ein Licht befand sich auf dem mittleren Ast des Leuchters. Dieser war ein Prachtstück, das Sarah Friedmann von einem ihrer Onkel geerbt hatte. Nun hielt sie feierlich eine etwas kleinere brennende Kerze in der Hand, und während sie einen Segensspruch sprach, den ihr Mann und Lea nachsagten, zündete sie mit der kleinen die erste große Kerze des Leuchters an.

„An jedem Tag werden wir nun ein Licht mehr anzünden", erklärte sie Lea. „bis es dann alle acht Kerzen sind!" Die drei fassten sich an den Händen und wünschten sich gegenseitig „Gut Chanukka!".

Daniel Friedmann stimmte ein hebräisches Lied an, „Maoz Tzur", das übersetzt „Die Felsenfestung" heißt und das zu jedem Chanukka-Fest gesungen wird.

Eigentlich war es üblich, dass nur die Kinder beschenkt wurden, aber bei Friedmanns war es etwas anders. Es machte Lea einfach großen Spaß, ihre Eltern zu überraschen! Ihre Mutter war ganz begeistert von der Tischdecke und Vati schaute sich ganz gerührt das Blumenbild an. Dann schielte Lea auch schon zur Seite, wo einige Pakete lagen, die nur für sie bestimmt sein konnten. Sie öffnete eines nach dem anderen und jubelte vor Freude. Eine CD, die sie schon so lange haben wollte! Und Bücher! Zuletzt entdeckte Lea ein kleines Kästchen und als sie es öffnete, sah sie eine Uhr mit bunten Zeigern und einem wild bedruckten Armband. Super! Das war es, was sie sich eigentlich am meisten gewünscht hatte! Sie umarmte ihre Mutter stürmisch und gab auch dem Vater einen Kuss auf die schon wieder etwas kratzige Backe. Still blickten sie noch eine Weile auf den Leuchter, der das ganze Jahr über auf dem Bücherschrank gestanden hatte, doch nun zum Fest der Lichter im vollen Glanz erstrahlte.

Ruth Weiss

Das jüdische Lichterfest *Chanukka* im Dezember dauert acht Tage. Es erinnert an eine Begebenheit, die im Jahre 164 vor unserer Zeitrechnung geschah. Der griechische König Antiochus IV. aus Syrien, der damals über die Juden herrschte, hatte den Tempel in Jerusalem entweiht, indem er dort eine Statue des Zeus aufstellen und Ferkelopfer ausführen ließ. Das war für die Juden wie ein Schlag ins Gesicht.

Es kam zu einem Aufstand, der für die Juden siegreich endete. Der Tempel musste wieder neu geweiht werden. Dazu brauchte man reines, nicht für heidnische Zwecke entweihtes Öl, wovon nur noch eine sehr kleine Menge vorhanden war. Auf wunderbare Weise reichte der kleine Rest für acht Tage, bis wieder neues Öl hergestellt war. An dieses Wunder und an die Rettung aus der griechischen Fremdherrschaft erinnern sich bis heute die Juden an Chanukka und danken Gott mit Segenssprüchen: „Gelobet seist du, Ewiger, unser Gott, König der Welt, der du uns hast Leben und Erhaltung gegeben und uns hast diese Zeit erreichen lassen."

Zuckerfest – Seker Bayram

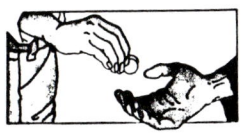

Im neunten Monat des islamischen Kalenders erfüllen die Muslime eine ihrer fünf religiösen Pflichten: Sie fasten. Von Anbruch der Morgendämmerung bis Sonnenuntergang sind Essen, Trinken und Rauchen untersagt. Noch in dunkler Nacht wird gefrühstückt, erst am Abend, wenn die Sonne untergegangen ist, wird wieder gegessen und auch gebetet. Kinder, Kranke und Schwangere sind vom Fastengebot befreit.

Das Fasten im Monat Ramadan hat für die Muslime einen tiefen Sinn. Es erinnert sie an die „Nacht der Macht", in der dem Propheten Mohammed der Koran offenbart wurde. Deshalb sollen die Muslime in der Fastenzeit viel im Koran lesen, über sich und Gott nachdenken, sich mit ihren Feinden versöhnen und den Armen etwas spenden. Das „Fest des Fastenbrechens" – arab.: „Id al-Fitr", türk.: „Seker Bayram" –, auch *Zuckerfest* genannt, beendet die Fastenzeit und ist ein Höhepunkt des Jahres mit vielen Süßigkeiten, festlichen Kleidern, Geschenken und Besuchen. Auch die Armen sollen bei diesem Fest nicht vergessen werden. Viele Muslime spenden Geld.

Wenn die Neumondsichel den Beginn des 10. Mondmonats verkündet, ist das Ende des Ramadan gekommen. Seker Bayram beginnt, das drei Tage dauernde Zuckerfest, eine aufregende Zeit für alle Mütter und Kinder, die lange schon Vorbereitungen getroffen haben. Die Herstellung von Baklava und Börek, den köstlichen süßen Kuchen, hat viel Zeit in Anspruch genommen.

Die Feiertage sind bewegt und anstrengend. Für die Kinder müssen Schuhe und Strümpfe gekauft werden. Die neuen Kleider, die jedes Kind an Bayram bekommt, nähen die Mütter meist selbst. Am ersten Feiertag heißt es dann für alle Familienmitglieder früh aufstehen: Den Kindern müssen die Haare frisch gewaschen werden, die Männer gehen in die Moschee. Nach dem Gebet sitzen sie dort noch zusammen und reden. Man wünscht sich gegenseitig ein frohes Fest und geht dann schwatzend nach Hause oder auf den Friedhof. Zum Friedhof kommen dann auch die Frauen, um Blumen zu bringen. Nachdem man eine Totenmesse gelesen hat, geht man gemeinsam nach Hause; unterwegs verteilt man an die Armen Geld.

Münever hat den Seker Bayram aus ihrer Kindheit noch so in Erinnerung: „Wir lebten damals in Sivas, in Mittelanatolien. Als ich noch sehr klein war, habe ich nachts mein neues Kleid unter das Kopfkissen gelegt. Vor Aufregung konnte ich kaum schlafen. Am Morgen mussten wir früh aufstehen. Meine Schwestern haben sich die Haare gewaschen. Ich als Jüngste kam zum Schluss an die Reihe und hatte immer Angst, dass man nicht genügend Zeit für mich hatte, um meine langen Locken schön zu kämmen und die glänzenden weißen Bänder darin zu befestigen.

Wenn es uns zu Hause zu langweilig wurde, gingen wir Hand in Hand durch die Straßen. Die Leute machten die Fenster auf und wir begannen ein Lied zu singen. Dann bekamen wir etwas Süßes oder auch Geld. Heute gehen die Kinder in Sivas nicht mehr auf die Straße, um zu singen; das ist schade."

Elsbe Groß

Den Feiertag heiligen – wie mache ich das?

> *Im Religionsunterricht entdecke ich, dass Zeit mehr ist als Termine und Aufgaben, Verpflichtung und Leistung. Feiertage unterbrechen den alltäglichen Lauf der Dinge und schenken uns Zeit zum Innehalten. Wozu ist heutzutage ein Feiertag eigentlich da? Was bedeutet es, den Feiertag zu „heiligen"?*

- Ich führe probehalber ein Termin-Tagebuch: Womit verbringe ich wie viel Zeit?
- Ich prüfe, wo in meinem Termin-Tagebuch die mir wirklich wichtigen Dinge und Menschen vorkommen und/oder wo sie Raum und Zeit finden könnten.
- Ich plane Ruhepausen ein und nutze sie bewusst: zum Sehen, Hören, mich Besinnen.
- Ich markiere den Sonntag in meinem Kalender. Er ist besonders. Ich überlege, was ich am Sonntag machen, wen ich sehen möchte, für wen ich Zeit haben möchte, wie der Sonntag mir Kraft für die nächste Woche geben kann.
- Ich prüfe, was für mich „Pflicht" ist, was „Freude" – und passe auf, dass die Freude nicht zu kurz kommt.
- Manche nennen den Sonntag den „Tag des Herrn". Ich beschaffe mir Informationen über den Sonntag und gehe seiner besonderen Bedeutung auf den Grund.
- Ich besuche einen Sonntagsgottesdienst und erlebe, was das bedeutet: Gottes – Dienst (Wer dient wem?).
- Die bewusste Planung eines Sonntags kann ich ebenso gut mit einem Freund/einer Freundin gemeinsam machen. Wir können uns austauschen: Was ist gut gelungen, sind Freude und Ruhe genug vorgekommen, hatten wir Zeit für uns, für andere, für Gott?

Aufgaben – Impulse – Projektideen

- **165 BILD:** ▶Beschreibe die abgebildeten Szenen und erkläre den Aufbau des Bildes. ▶▶Forscht auf dem Bild nach Gott, nach Hildegard von Bingen und nach Hildegards Weltbild: Gestaltet euer Ergebnis an der Tafel oder auf einem Poster. ▶Recherchiere im Internet oder in Büchern das Leben Hildegards und berichte darüber.

- **166 DIE ZEIT UND ICH ...:** ▶Besorge dir das Bild einer antiken Stätte (Kopie aus dem Geschichtsbuch, Ausdruck aus dem Internet). Schreibe aus dem Text einzelne Gedanken von Lena heraus und klebe sie in/um das Bild. Du kannst auch eine „Lena" mit hineinkleben. ▶Erkläre den Zusammenhang zwischen dem Ort, an dem sich Lena aufhält, und den Gedanken, die ihr durch den Kopf gehen. ▶▶Erzählt euch Geschichten mit dem Anfang: „Manchmal vergeht die Zeit wie im Flug". ▶▶Erzählt euch Geschichten mit dem Ende: „Das war die schönste Zeit meines Lebens."

- **167 BILD:** ▶▶Führt in Gruppen ein stummes Schreibgespräch über das Bild: „Mir gefällt ..."/„Mich befremdet ..." ▶▶Überlegt (zu zweit), wie das Bild „klingt" – Stellt ein eigenes Klangbild her und nehmt es auf. ▶Schreibe eine Gedankenblase für das Liebespaar auf dem Bild: Wie empfinden die beiden die Zeit?

- **168–169 KALENDER:** ▶Beschreibe die Beobachtungen, die die Mond- und Sonnenrechner vor vielen tausend Jahren machten. ▶▶Sammelt Gründe dafür, dass Menschen einen Kalender brauchen. ▶Male einen Stunden- und Tagesplan für eine Woche auf. Kennzeichne die Zeiten, in denen du nicht arbeitest, schläfst oder Verpflichtungen hast, grün. ▶▶Diskutiert, wie viel „grün" jeder und jede von euch braucht.

- **170 DIE GABE:** ▶„Sogar Tiere können sich in Menschen verwandeln." – erkläre diesen Satz mit eigenen Worten. ▶Schreibe eine Fabel, ein Märchen oder ein Gedicht über die Kraft des Feierns. ▶Beschreibe oder male das schönste Fest, das du je erlebt hast – oder: das schönste Fest, das du dir vorstellen kannst.

- **171 BILD:** ▶Nenne Elemente eines gelungenen Festes, die du auf dem Bild entdeckst. ▶▶Sucht ein Lied aus, das zu dem Bild passt – singt und tanzt es.

- **171 WARTEN AUF DIE SEELE:** ▶Erkläre die Geschichte jemandem, der die Pointe nicht verstanden hat. ▶▶Reimt (zu zweit) eine „Moral von der Geschicht'".

■ 172–173 FESTKREIS: ▶Schreibe, *bevor* du dich mit der Abbildung und dem folgenden Text beschäftigst, alle Feste im Jahresverlauf auf, die dir einfallen. Schreibe dazu, wann und weshalb diese Feste gefeiert werden. ▶Betrachte die Abbildung und halte fest: a) Wie heißen die drei Festkreise? b) Wo beginnt das Kirchenjahr? c) Welche Feste sind „Licht"-Feste? d) Wofür steht das Schiff in der Mitte? ▶▶Bildet Expertengruppen für je ein Fest. Die Gruppen bereiten einen Bericht und ein Quiz vor.

■ 174–175 SANKT MARTIN: ▶Beschreibe Martins „Wandlung" – aus Sicht des Vaters oder der Mutter. ▶▶Formuliert einen Spruch, der dazu einlädt, so zu werden wie Martin. ▶Betrachte das Bild und erzähle die Geschichte nach. ▶▶Stellt das Bild nach: Was drücken die Haltungen aus?

■ 176 CHANUKKA: ▶Beschreibe, wie Familie Friedmann Chanukka feiert. ▶Dort, wo Christen und Juden Nachbarn sind, spricht man bisweilen von „Weih-nukka" – erkläre, was dieses Kunstwort bedeutet und was dahintersteckt. ▶Schreibe „WEIH" ---- „NUKKA" in dein Heft und mache eine Tabelle mit Merkmalen, Bräuchen, Hintergründen.

■ 177 ZUCKERFEST: ▶Informiere dich über den islamischen Fastenmonat Ramadan: a) Wie ist der Tagesablauf eines Muslims im Ramadan? b) Nenne Gründe, warum ein gläubiger Muslim fastet. c) Welche Fastenzeiten im christlichen Bereich kennst du? d) Erkläre: „Fasten ist ein Gewinn".

Entdeckt, verstanden, gestaltet

Zeit zum Leben

Ich kann	■ verschiedene Vorstellungen von Zeit beschreiben, z.B.: gefühlte und gemessene Zeit.
	■ über eigene Erfahrungen mit Zeit sprechen, z.B. über Stress und Langeweile.
Ich kann	■ erläutern, was *lineare* Zeit und was *zyklische* Zeit bedeutet, und Beispiele dafür nennen.
Ich kenne	■ den Jahreskreis der christlichen Feste
und kann	■ beschreiben, wie die christlichen Feste gefeiert werden.
Ich weiß,	■ dass zu jedem christlichen Fest eine liturgische Farbe gehört,
und kann	■ die Bedeutung der liturgischen Farben erklären.
	■ die biblischen Geschichten erzählen, die zu Weihnachten, Ostern, Himmelfahrt und Pfingsten gehören.
Ich kann	■ besondere Feiertage nennen, die nur die Katholiken oder nur die Protestanten feiern.
	■ das jüdische Chanukka-Fest beschreiben.
	■ über das Zuckerfest des Islam Auskunft geben.
Ich kenne	■ die besondere Bedeutung des Sonntags als „Tag des Herrn"
und kann	■ die Heiligung des Sonntags aus dem Alten und aus dem Neuen Testament begründen.
Ich kenne	■ die Bedeutung und den Ablauf des Sonntagsgottesdienstes.
Ich kenne	■ Möglichkeiten, meine Zeit bewusst zu gestalten,
und kann	■ begründen, warum der Wechsel von Arbeit und Freizeit wichtig für das Wohlbefinden ist.

Evangelische Christen – katholische Christen: Was sie eint und was sie trennt

Angelika Ahrweiler, 1997

Zwei Freundinnen

Sabine und Kerstin kennen sich seit ihrem ersten Tag im Kindergarten. Seitdem sind sie Freundinnen. Dicke Freundinnen. Sie spielen immer zusammen. Sabine besucht Kerstin zu Hause und Kerstin kommt zu Sabine. Sie sind fast wie Geschwister. Sabine isst bei Kerstin. Sie geht überall mit, wohin Kerstin mit ihren Eltern geht. Sie schläft sogar manchmal bei Kerstin. Und Kerstin macht es ebenso. Aber als Kerstin und Sabine zusammen in die Schule kommen, ist plötzlich etwas anders. Sie sind in einer Klasse. Sie sitzen nebeneinander. Sie sprechen miteinander. Sie arbeiten zusammen. Und doch!
Zweimal in der Woche muss Kerstin zusammen mit anderen Kindern die Klasse verlassen. Dann hat Sabine mit den Kindern, die noch dabeigeblieben sind, Religion. Kerstin geht mit den anderen Kindern in eine andere Klasse zu einer anderen Lehrerin und hat dort auch Religion.
Sabine möchte gerne mit Kerstin gehen. Aber das geht nicht.
Kerstin möchte gerne bei Sabine bleiben. Aber das geht auch nicht.
Sabine ist katholisch und Kerstin ist evangelisch.
Kerstin spricht mit ihren Eltern. Sie sollen mit den Lehrern in der Schule sprechen.
„Da gibt es feste Vorschriften in der Schule!", sagt Kerstins Vater. „Es gibt katholischen und evangelischen Religionsunterricht. Da wird eure Klasse eben aufgeteilt."
„Und was ist an Sabines Religion anders?", fragt Kerstin erstaunt.
„Sprechen die nicht von Gott und Jesus wie wir in Religion?"
„Natürlich!", sagt die Mutter. „Das ist genauso wie bei uns auch!"
„Und warum sind wir nicht katholisch?"
„Das ist Zufall!", sagt der Vater. „Wenn Mutti und ich katholische Eltern gehabt hätten, wären wir katholisch. Sie waren aber evangelisch. Deshalb sind wir auch so."
„Dann kann ich doch einfach katholisch werden!", meint Kerstin. „Dann wären Sabine und ich auch in Religion zusammen."
„So einfach geht das nicht!", lacht der Vater. Kerstin gibt nicht auf: „Was ist denn besser, evangelisch oder katholisch?"
„Wir sind alle Christen!", antwortet die Mutter. „Mögen wir nun katholisch sein oder evangelisch."
„Und warum können Sabine und ich dann nicht zusammen in Religion gehen?"
„Es sind eben doch zwei unterschiedliche Kirchen. Und manches ist bei den Katholischen anders als bei den Evangelischen!"
Kerstin denkt lange nach. Sie versteht immer noch nicht, warum das alles so ist. Schließlich fragt sie: „War Jesus evangelisch oder katholisch?"

Da müssen die Eltern lachen. „Er war weder evangelisch noch katholisch!", sagen sie endlich.
„Aber Maria war katholisch!", sagt Kerstin und erinnert sich, dass die katholische Kirche in der Stadt Marienkirche heißt.
„Nein, die Maria auch nicht!", sagt der Vater.
„Und die Freunde von Jesus? Mussten die sich auch trennen? Einer ging in evangelische Religion und der andere in katholische."
„Nein, das war damals ganz anders!"
„Aber dann hat Jesus doch bestimmt nicht gewollt, dass es Katholische und Evangelische gibt!"
Die Eltern sehen sich an. Da spürt Kerstin, dass sie ihr Recht geben.
„Die Trennung haben Menschen herbeigeführt, die viele Jahre nach Jesus lebten. Und diese Trennung besteht leider bis heute", versucht der Vater zu erklären.
Er wird unterbrochen, weil es an der Haustür klingelt. Sabine stürmt herein. „Was habt ihr denn in der letzten Stunde in Religion gemacht?", fragt Kerstin sogleich. Und prompt kommt die Antwort: „Wir haben von den Hirten und Engeln gesprochen. Es ist doch bald Weihnachten!"
„Und wir auch!", Kerstin stemmt empört ihre Fäuste in die Hüften.
„Wir wollen die Geschichte in der nächsten Stunde spielen!"
„Und dann darf ich wieder nicht mit?", Kerstin ist wütend. Und Sabine ärgert sich ebenso. Da wird den Freundinnen zum ersten Mal bewusst, dass sie etwas trennt, obwohl sie sich so gern haben. Und sie können es nicht verstehen.
„Aber Gott hat das bestimmt nicht gewollt!", sagt Kerstin noch einmal.

Rolf Krenzer

95 Thesen

Martin Luther

Aus tiefer Not schrei ich zu dir

Aus tiefer Not schrei ich zu dir,
Herr Gott, erhör mein Rufen.
Dein gnädig' Ohren kehr zu mir
und meiner Bitt sie öffne;
denn so du willst das sehen an,
was Sünd und Unrecht ist getan,
wer kann, Herr, vor dir bleiben?

Bei dir gilt nichts denn Gnad und Gunst, die Sünde zu vergeben;
es ist doch unser Tun umsonst auch in dem besten Leben.
Vor dir niemand sich rühmen kann, des muss dich fürchten
jedermann und deiner Gnade leben.

> Darum auf Gott will hoffen ich, auf mein Verdienst
> nicht bauen; auf ihn mein Herz soll lassen sich
> und seiner Güte trauen, die mir zusagt sein wertes Wort;
> das ist mein Trost und treuer Hort,
> des will ich allzeit harren.

Ob bei uns ist der Sünden viel, bei Gott ist viel mehr Gnade;
sein Hand zu helfen hat kein Ziel, wie groß auch sei der Schade.
Er ist allein der gute Hirt, der Israel erlösen wird
aus seinen Sünden allen.

T./M.: Martin Luther

Typisch evangelisch? Typisch katholisch?

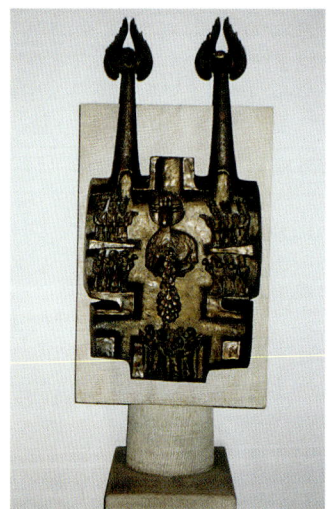

Typisch evangelisch? Typisch katholisch?

Unterschiede

Anne besucht ihren Großvater, einen Pfarrer im Ruhestand. Er will ihr die Kirchen seiner Stadt zeigen. „Was zuerst?", fragt Opa. „Evangelisch oder katholisch?" Anne antwortet rasch. „Evangelisch kenn ich", sagt sie. „Also lieber katholisch."

Als sie in die katholische Kirche kommen, ist eine alte Frau vor ihnen. Am Eingang taucht sie ihre Finger in ein Becken und macht ein Kreuzzeichen. „Wasser?", fragt Anne. „Geweihtes Wasser", erklärt ihr Opa. „Katholische Christen bekreuzigen sich damit, wenn sie in die Kirche kommen und wenn sie wieder hinausgehen. Sie erinnern sich an ihre Taufe und daran, dass sie zu Jesus Christus gehören. Sie sagen oder denken dabei: ‚Im Namen des Vaters und des Sohnes und des Heiligen Geistes'. So wird man auch getauft, evangelisch wie katholisch."

„Schau mal", flüstert Anne, „jetzt knickst die Frau dort im Gang. Jetzt setzt sie sich." „Sie macht eine Kniebeuge, um zu zeigen, dass sie Gott verehrt. Zudem ist dort der Tabernakel. Siehst du den verzierten ‚Kasten'? Darin werden die geweihten Hostien, die gesegneten Oblaten, für die Eucharistie aufbewahrt. Die Katholiken glauben, dass bei der Eucharistie das Brot oder die Oblaten der Leib Christi und der Wein das Blut Christi werden. Dann ist Jesus leibhaftig gegenwärtig in der Kirche – Grund genug für einen Knicks, meinst du nicht? Siehst du die Öllampe mit rotem Glas? Das ist das Ewige Licht. Es zeigt die ständige Gegenwart des Herrn in der Eucharistie."

„Opa, was sind denn das für Schränke in der Kirche?" „Das sind keine Schränke." Ihr Opa lacht leise. „Das sind Beichtstühle. Da kann man dem Priester alles sagen, was einem das Herz schwer macht. Eine Trennwand verhindert, dass er den Beichtenden sieht. Am Ende sagt er: ‚Ich spreche dich von deiner Schuld los.' – so wie Jesus es früher getan hat."

„Darf ich nach vorne gehen?", fragt Anne. „Natürlich!", sagt ihr Opa. „Aber leise!" Vorne entdeckt Anne eine Marienstatue mit Kerzen davor. „Die Katholiken verehren Maria besonders, weil sie die Mutter Jesu ist. Wenn sie Bitten haben, zum Beispiel für kranke Verwandte, dann zünden sie eine Kerze an und beten vor der Statue. – Hast du schon mal auf den Altar geachtet? Siehst du da das Kästchen hinter der Glasscheibe? Da sind Reliquien, also Knochen, Gegenstände oder Teile der Kleidung einer oder eines Heiligen drin."

Als der Opa vorschlägt, die Kirche zu verlassen, will Anne noch etwas bleiben.

„Es soll wirken", sagt sie.

Sie machen sich auf den Weg zur evangelischen Kirche. Dort müssen sie beim Küster klingeln, denn evangelische Kirchen sind manchmal nicht geöffnet. Der Küster lässt den ehemaligen Pfarrer natürlich gern in die Kirche. Hier treffen Anne und ihr Opa keine Gläubigen.

„Na, Anne, fallen dir Unterschiede zur katholischen Kirche auf?", fragt der Opa. Anne überlegt, wie sie es sagen soll. „Hier ist es schlichter", meint sie schließlich. „Es fehlen die Statuen, das Ewige Licht, die Bilder." Sie geht weiter. „Dafür gibt es eine Kanzel!", fällt ihr auf. Opa nickt ihr zu. „Stimmt", sagt er. „Die ist für uns ganz wichtig. Die Predigt ist das Wichtigste in einem evangelischen Gottesdienst. Das geht auf Martin Luther zurück!"

„Luther", sagt Anne. „Hatten wir schon." Sie denkt an die Religionsstunde zum vergangenen Reformationstag. „Warum haben wir denn keinen Tabernakel?", fragt sie, stolz darauf, sich das Wort für den Hostienschrein gemerkt zu haben. „Wir feiern doch auch Abendmahl." Opa stimmt zu. „Mit Brot und Wein", betont er. „Aber wir glauben nicht, dass die Hostien nach dem Abendmahl Christi Leib sind. Darum müssen wir sie nicht besonders verehren." Anne überlegt. Das mit dem Abendmahl hat sie noch nie richtig verstanden. „Was passiert beim Abendmahl, Opa?" Sie findet, es ist eine gute Gelegenheit, nachzufragen. „Wenn wir Abendmahl feiern, ist Jesus mitten unter uns", sagt Opa. „Kennst du das Lied ‚Wo zwei oder drei in meinem Namen versammelt sind'?" Anne nickt und fängt zu summen an.

VATERUNSER-FENSTER IM EV. GEMEINDEZENTRUM AHLEN-DOLBERG

Gemeinsamkeiten

Apostolisches Glaubensbekenntnis

Ich glaube an Gott,
den Vater, den Allmächtigen,
den Schöpfer des Himmels und der Erde.

Und an Jesus Christus,
seinen eingeborenen Sohn, unsern Herrn,
empfangen durch den Heiligen Geist,
geboren von der Jungfrau Maria,
gelitten unter Pontius Pilatus,
gekreuzigt, gestorben und begraben,
hinabgestiegen in das Reich des Todes,
am dritten Tage auferstanden von den Toten,
aufgefahren in den Himmel;
er sitzt zur Rechten Gottes, des allmächtigen Vaters,
von dort wird er kommen, zu richten die Lebenden und die Toten.

Ich glaube an den Heiligen Geist,
die heilige katholische (KATH.) / christliche (EVANGEL.) Kirche,
Gemeinschaft der Heiligen,
Vergebung der Sünden,
Auferstehung der Toten
und das ewige Leben. Amen.

Vater unser

T.: Bibel, M.: Peter Janssens

Sakramente

Und Jesus trat herzu und sprach zu ihnen: Mir ist gegeben alle Gewalt im Himmel und auf Erden. Darum gehet hin und machet zu Jüngern alle Völker: Taufet sie auf den Namen des Vaters und des Sohnes und des Heiligen Geistes und lehret sie halten alles, was ich euch befohlen habe. Und siehe, ich bin bei euch alle Tage bis an der Welt Ende.

Mt 28,18–20

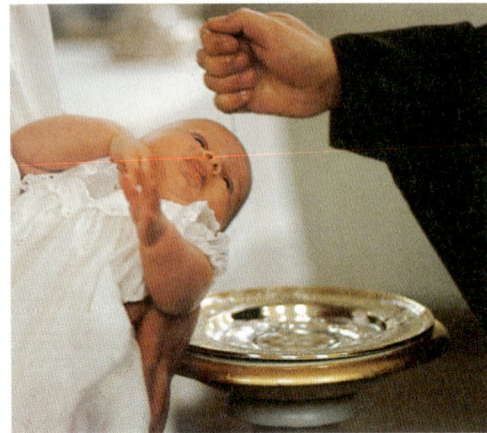

TAUFE

Brot für die Welt – Misereor

Die gemeinsame Verantwortung der Christen beider Konfessionen

Unsere Welt ist geteilt: in Junge und Alte, in Großes und Kleines, in Wichtiges und Unwichtiges, in Arme und Reiche, in Ost und West, in Nord und Süd. Es gibt Menschen, die sich Gehör verschaffen, und andere, die niemand beachtet. Es gibt Satte und Hungernde. Es gibt Krieg und Frieden. Es gibt Recht und Unrecht. Es gibt eine Erste und eine Dritte Welt.

Die Erfahrung des Ausgegrenztseins, des Unrechts der „Einteilung", beschreibt Dom Helder Camara, der bekannte brasilianische Bischof, mit einem eigenen Erlebnis: „Als ich die Ziegen sah, die Kette um den Hals, damit sie ihren Bereich nicht verlassen und in die Pflanzungen eindringen, da hatte ich das lang gesuchte Symbol für eine ganze Welt gefunden, die abseits gehalten wird: für die unterentwickelte Welt."

„Teilen" hat aber nicht nur die Bedeutung, die das Getrenntsein meint. Teilen bedeutet schließlich auch „teilhaben lassen". Was ich besitze, behalte ich nicht für mich, ich gebe davon weiter. So kann der Zustand des Geteiltseins überwunden werden, können Brücken zwischen Armut und Reichtum gebaut werden.

Solche Brücken bauen evangelische und katholische Christen, die die ökumenische Aktion *Miteinander Teilen – Gemeinsam Handeln* mittragen. In geteilter gemeinsamer Verantwortung treten sie ein für die Armen und Not Leidenden, für die Rechtlosen und Unterdrückten in Afrika, Asien und Lateinamerika. Diese Brücken verbinden Christen aller Konfessionen und aller Länder der einen Welt. „Es gibt nicht mehr Juden und Griechen, nicht Sklaven und Freie, nicht Mann und Frau; denn ihr alle seid *einer* in Christus Jesus.'" (Gal 3,28)

Ökumene

Klara kommt ganz aufgeregt aus der Schule zu ihrer Mutter gelaufen. „Mutti, schau mal, wir haben eine Einladung zu öko..., ehm, nein, ökumenischen Kinderbibeltagen bekommen. Was ist denn das – ökumenisch?"
„Ökumenisch bedeutet, dass die evangelische und die katholische Gemeinde diese Kinderbibeltage zusammen gestalten. Da werden Geschichten aus der Bibel erzählt und es wird zusammen gebetet, gesungen und gebastelt."
„Dürfen die das denn?", fragt Klara erstaunt.
„Natürlich! Die Bibel ist nämlich für katholische und evangelische Christen dieselbe und wir glauben doch an denselben Gott", antwortet die Mutter.
„Warum machen die das dann nicht immer – zusammen Gottesdienst und so?", fragt Klara.
„Du weißt doch, dass es da doch noch Unterschiede gibt, das habt ihr doch in Religion gelernt", antwortet ihre Mutter.
„Ja schon, aber eigentlich... Ich glaube, ich frage mal meinen Relilehrer, ob er mir das erklären kann."
Am nächsten Tag erklärt der Religionslehrer Klara und ihrer Klasse, was *Ökumene* ist:
„Also, das Wort kommt aus dem Griechischen und bedeutet ‚die bewohnte Erde'. Die meisten Leute verstehen unter ‚ökumenisch' nur, dass evangelische und katholische Gemeinden zusammenarbeiten, so wie bei den Kinderbibeltagen. Eigentlich steckt hinter dem Begriff Ökumene aber viel mehr! Seit 1948 gibt es einen *Ökumenischen Rat der Kirchen* – den ÖRK –, in dem über 300 Kirchen aus allen Erdteilen der Welt zusammengeschlossen sind. Leider gehört die katholische Kirche nicht dazu, aber sie arbeitet inzwischen eng mit dem ÖRK zusammen. Die Kirchen versuchen, eine Zusammenarbeit in wichtigen Fragen und vor allem eine gegenseitige Anerkennung zu erreichen.
Ihr seht, es gibt eine weltweite Ökumene und eine Ökumene vor Ort, die in die weltweite eingebettet ist."

Lernen an anderen Orten – wie mache ich das?

Ich kann auch an anderen Orten als im Klassenzimmer Religionsunterricht haben, z.B. in Kirchen, auf Friedhöfen, in Museen oder Ausstellungen, in einem Behindertenwohnheim, in einem Seniorenheim. Auf solche Ausflüge müssen wir gut vorbereitet sein – ich, meine Klasse, meine Lehrerin.

- Vorbereitung (im Unterricht)
    - Wir verabreden einen Termin (z.B. Küster/in einer Kirchengemeinde).
    - Wir informieren uns über den Ort, den wir besuchen wollen.
    - Wir überlegen uns Fragen: Wer tut dort was/warum …?
    - Falls nötig: Wir organisieren Hin- und Rückfahrt (Fahrpläne, Tickets).

- Vor Ort
    - Wir benehmen uns angemessen (z.B.: leise sein in einer Kirche).
    - Wir hören bei den Erklärungen gut zu und machen uns Notizen.
    - Wir gehen vorsichtig mit den Gegenständen um, die uns vielleicht gezeigt werden.
    - Falls vorhanden: Wir bearbeiten unsere Aufgaben.

- Nachbereitung (im Unterricht)
    - Wir tauschen unsere Erlebnisse, Eindrücke und Ergebnisse aus.
    - Wir halten unsere Ergebnisse fest (z.B. Wandzeitung, Bericht…).
    - Wir schreiben eine Danke-Karte an die Menschen, denen wir begegnet sind.

Aufgaben – Impulse – Projektideen

■ 183 BILD: ▶Beschreibe die Elemente der Kirche, die du erkennen kannst.

■ 184–185 FREUNDINNEN: ▶Versetze dich in eine der beiden Freundinnen: Wie fühlst du dich? ▶Erkläre den beiden, warum sie sich im Religionsunterricht trennen müssen. ▶▶Besprecht (zu zweit oder viert), was das Bild mit der Geschichte zu tun hat. Verdeutlicht es für die anderen, indem ihr selbst einen „Riss" gestaltet und die beiden Seiten rechts und links vom Riss beschriftet.

■ 186 COMIC: ▶Formuliere Gründe, warum die Menschen damals Ablassbriefe kauften. ▶▶Informiert euch über Martin Luther: Wann hat er gelebt? Wer war er? Was wollte er?

■ 187 LIED: ▶Zeichne die Lutherrose: Achte auf Formen und Farben. ▶In dem Lied ☺ kann man Luthers reformatorische Erkenntnis entdecken: Sammle Schlüsselwörter – auf einer Seite für die Not des Sängers, auf der anderen Seite für seine Hoffnung.

■ 188–189 BILDER: ▶Du bekommst Kopien der Seiten: Schneide die einzelnen Bilder aus und ordne sie zwei Rubriken zu: „Typisch evangelisch" bzw. „Typisch katholisch". ▶▶Erkläre deinem Nachbarn/deiner Nachbarin deine Entscheidung. Vergleicht. ▶Zeichne auf ein DIN-A3-Blatt den Grundriss einer Kirche und richte sie ein (z.B. mit den ausgeschnittenen Bildern). Beschrifte sie.

■ 190–191 UNTERSCHIEDE: ▶▶Besucht wie Anne eine Kirche, achtet auf alles, was „typisch evangelisch" bzw. „typisch katholisch" zu sein scheint. Benennt es anschließend und sprecht darüber. ▶▶Entwickelt (in Gruppen) zu dem Thema ein Spiel/ein Quiz, bei dem Merkmale und Gegenstände abgefragt und wiederholt werden können.

■ 192 GLAUBENSBEKENNTNIS: ▶▶Sucht die Schlüsselverben im 2. Artikel des Glaubenbekenntnisses (Jesus Christus) heraus. Überlegt gemeinsam, was diese Wörter für euch bedeuten und was diese Wörter in der Bibel bedeuten. ▶▶Malt zu den Verben Bilder.

■ 193 VATER UNSER: ▶▶ Zu zweit: Sucht euch einen Vers des Vaterunsers aus und sprecht darüber, was er für euch bedeutet. Bereitet eine Präsentation eures Ergebnisses vor (Rollenspiel, Bild, Text?). ▶▶ Das Vaterunser-Lied ☺ ist nur eine von vielen verschiedenen Vertonungen. Entwickelt in der Klasse (Gruppe) eine eigene Variante (evtl. mit Orff-Instrumenten, als Rap oder Ähnliches).

■ 194 SAKRAMENTE: ▶ Beschreibe und deute, was du auf dem Foto siehst. ▶ Zur Taufe gehören Wasser, Name, Segen. Gestalte ein Bild mit diesen Elementen (einem, zweien oder allen dreien), das den Sinn der Taufe verdeutlicht.

■ 195 BROT FÜR DIE WELT: ▶ Nenne die Ziele der Ökumenischen Aktion „Miteinander Teilen – Gemeinsam Handeln" von Brot für die Welt und Misereor. ▶ Informiere dich über die monatlich wechselnden Aktionen der Aktion „Miteinander Teilen – Gemeinsam Handeln".

■ 196 ÖKUMENE: ▶ „Gerechtigkeit, Frieden und Bewahrung der Schöpfung" sind die drei Ziele der ökumenischen Bewegung. Schreibe zu jedem Begriff auf, was dafür noch getan werden muss.

■ 191–196 DIE FENSTER: ▶▶ Sechs Gruppen beschäftigen sich je mit einem der abgebildeten Fenster: Das Motiv wird groß und deutlich abgezeichnet – einschließlich der dazugehörigen Worte. Schreibt außen herum, was euch auffällt – zum Bildmotiv (Symbol!), zum Zusammenhang von Text und Bild. ▶▶ Anschließend präsentiert jede Gruppe ihr Ergebnis. Die Bilder werden zu einem Wandfries zusammengefügt. ▶ Erkläre, warum die sechs Bilder im Kapitel „evangelisch – katholisch" abgedruckt sind – und warum jeweils einzeln auf aufeinanderfolgenden Seiten.

Entdeckt, verstanden, gestaltet

Konfession: unterschiedlich einig

Ich weiß,	■ dass Christen unterschiedlichen Konfessionen angehören; sie sind römisch-katholisch, evangelisch-lutherisch, reformiert, freikirchlich, griechisch-orthodox, russisch-orthodox usw.
Ich erlebe,	■ dass es einen zweifachen Religionsunterricht gibt: evangelisch und katholisch.
Ich kann	■ Besonderheiten beschreiben und erklären, die das Innere einer evangelischen Kirche von dem einer katholischen unterscheiden.
	■ Unterschiede im Sakraments- und Kirchenverständnis von Katholiken und Protestanten nennen und erklären.
	■ erklären, was die Begriffe *katholisch* und *evangelisch* bedeuten.
Ich kann	■ erklären, wie es dazu kam, dass neben der katholischen Kirche evangelische Kirchen entstanden.
Ich kenne	■ wichtige Stationen im Leben Martin Luthers und kann darüber berichten.
Ich kann	■ erklären, was es mit Martin Luthers *reformatorischer Entdeckung* auf sich hat.
Ich kenne	■ Symbole, die für alle Christen gleichermaßen bedeutsam sind, z.B. Taube, Lamm, Fisch, Brot und Wein usw.,
und kann	■ über ihre Bedeutung sprechen.
Ich kann	■ Beispiele für Gemeinsamkeiten der Konfessionen und das Zusammenarbeiten der großen Kirchen nennen.
Ich kann	■ den Gedanken der „Einheit in Vielfalt" erläutern und dazu meine Meinung sagen.

Andere Erfahrungen – andere Religionen: Das Judentum

DAVIDSTERN AN DER KLAGEMAUER IN JERUSALEM

Als Jüdin in Deutschland – ein Mädchen erzählt

Früher habe ich mich geschämt, jüdisch zu sein. Dies kam besonders vor, als ich noch in der Grundschule mit lauter Kindern zusammen war, die Christen waren. Besonders in den Zeiten vor christlichen Feiertagen kam ich mir etwas komisch vor, aber trotzdem wollte ich nicht Christ sein, und jetzt sage ich mir, wenn die Christen Weihnachten feiern, feiere ich sowieso Chanukka. Im Laufe der Jahre hat sich mein Gefühl Jüdin zu sein, sogar verändert, und ich bin stolz, dass ich diesen Glauben habe. Als ich dann ins Gymnasium kam, erzählte ich niemandem, dass ich Jüdin bin, weil ich die meisten meiner Mitschüler noch nicht kannte, aber jetzt ist es so, dass alle meine Freunde über meinen Glauben Bescheid wissen, und ich habe auch gar nichts dagegen. Trotzdem hatte ich schon mal Unannehmlichkeiten, Jüdin zu sein. Früher war ich im Handball und da gab es zwischen zwei Gruppen einen großen Streit. Da sagte dann ein Mädchen meiner Gegengruppe: „Ach, lasst doch diese Gruppe sein, die sind doch alle mit einer *Jüdin* befreundet. Wenn es irgendwo Juden gibt, kommt es doch immer zum Streit!" Ein weiteres Beispiel war, als mich ein Junge fragte, ob ich überhaupt meinen Geburtstag feiere, ob ich abends ausgehen dürfte und ob ich überhaupt in Urlaub fahren würde. Meine Antwort war, dass ich doch genau wie er und alle anderen ein Mensch sei. Mir ist aufgefallen, dass alle Leute, die irgendwelche Vorurteile gegen Juden und das Judentum haben, entweder keine Ahnung über die Religion haben oder keinen Juden kennen.

Aber ich bin froh, meinen Glauben zu haben, ich würde auch gar nicht auf den Gedanken kommen, etwas anderes zu sein, und mir macht es auch Spaß, in die Gottesdienste von Feiertagen zu gehen. Ich muss ehrlich gestehen, dass ich an den Sabbatgottesdiensten kaum teilnehme, weil es aus zeitlichen und anderen Gründen nicht schaffe. Gerade zu den Gottesdiensten in Deutschland muss ich sagen, dass mir nicht gefällt, dass sie ausschließlich auf Hebräisch gehalten werden. Die meisten Menschen können nämlich kein Hebräisch und deshalb gehen vor allem Kinder und Jugendliche nicht besonders gerne in die Gottesdienste. Natürlich finde ich, dass auf Hebräisch gebetet und gesungen werden muss. Ich finde es gut, dass die Sitten und Bräuche eingehalten werden und dass die Kinder dann bei Festen den Gemeindesaal schmücken und den Feiertagen entsprechend etwas vortragen, singen oder tanzen. Es ist dann auch schön, wenn die gesamte Gemeinde mittanzt und sich freut.

Da es jetzt wieder so viele Neonazis, Rechtsradikale und Ausländerfeindlichkeit gibt, habe ich Angst. Doch wenn ich jetzt in den Straßen rumlaufe und Neonazis sehe, fürchte ich mich nicht, denn sie können mich nicht erkennen, denn ich sehe genauso aus wie alle Mädchen in meinem Alter und ich habe keine spitzen Ohren und keine krumme Nase, wie es damals von den Juden vermutet wurde.

Evelyne, 16 Jahre

Von fallenden Sternen – König-David-Sage

Nachdem G'tt Himmel und Erde, die Sonne und den Mond erschaffen hatte, wollte er, dass der Mond nicht so alleine in der dunklen Nacht am Himmel wandern sollte. Also zeigte er seinen Engeln, wie man aus Gold und Silber kleine Sterne basteln kann. Die Engel waren von der Idee so begeistert, dass sie sich gleich an die Arbeit machten, denn dafür hatte G'tt ihnen nur drei Tage Zeit gegeben.

Nach zweieinhalb Tagen waren alle Sterne fertig und lagen ordentlich aufeinander. Da kam der freche Wind und pustete so fest, dass die Sterne in alle Richtungen flogen. Die Engel hatten Mühe, sie wieder einzusammeln. Nun hatten sie nur noch einen halben Tag Zeit, um alle Sterne am Himmel anzukleben. Manche klebten sie deshalb nicht fest genug an und so kommt es, dass in heißen Sommernächten der Kleber nachlässt, und dann fällt ein Stern vom Himmel herunter.

Einem Stern ist dabei vor langer, langer Zeit etwas Besonderes passiert. Das war noch, bevor David König der Juden wurde. Er war noch ein einfacher Hirtenjunge und weidete seine Schafe in der Nähe des Waldes. Auch an diesem besonderen Tag übernachtete er im Wald. Neben ihm lag sein einfacher Holzschild, den er zum Schutz vor Löwen und anderen wilden Tieren brauchte. Der Himmel war voller Sterne, und weil der Tag sehr heiß gewesen war, stieg nun die warme Luft zum Himmel hoch und löste wieder einmal einen Stern vom Himmel ab.

Als David am anderen Morgen wach wurde, rieb er sich verwundert die Augen, kniff sich in die Arme, um zu prüfen, ob er noch träumte: Auf seinem einfachen Schild leuchtete ein prächtiger Stern.

Später, als er dann der große König wurde, der in aller Welt berühmt war wegen seiner Weisheit und weil er so schön singen konnte, bekam er einen vornehmen Schild, besetzt mit Edelsteinen. In der Mitte aber glänzte der goldene Stern, der von seinem alten Holzschild stammte. Es war ja Davids Stern.

Dodie Volkersen

Tora – Weisung für das Leben in der Welt

IN DER SYNAGOGE IN JERUSALEM

Für das „Zehnwort", den *Dekalog*, kann man auch *Tora* (Lebensweisung) sagen. Aber das Zehnwort ist nur ein kleiner Teil der ganzen *Tora*. Mit dem Wort *Tora* werden auch die ersten fünf Bücher der Bibel, die fünf Bücher Mose, bezeichnet. Diese *Tora* ist für Juden der wichtigste Teil der ganzen Bibel. Sie wird in allen Synagogen der ganzen Welt nicht in Form eines Buches aufbewahrt, sondern, wie in früheren Zeiten, in Form einer Schriftrolle.

Die Lesungen aus der Torarolle beginnen gegen Anfang des jüdischen Jahres am Torafreudenfest mit der 1. Sabbatlesung. Sabbat für Sabbat wird die linke Rolle ein Stück weiter nach links gedreht, dann wird der frei gewordene Abschnitt gelesen und die rechte Rolle wird bis an die linke herangedreht. Am Ende des Jahres liegt die rechte Rolle ganz dick neben dem linken Stäbchen. Die Torarollen in den Synagogen sind sehr kostbar. Ein Toraschreiber mit einer speziellen Ausbildung hat die Worte eigenhändig mit Tinte auf dünnes Leder oder Pergament geschrieben, fehlerfrei. Aber nicht nur in der Synagoge gibt es solche Rollen, sondern auch viele fromme Juden zu allen Zeiten sparten, um mit ihrer Familie zu Hause aus einer Tora(rolle) lesen und lernen zu können.

Christoph Goldmann

Rubin, 1964

Sascha in der Synagoge

David nahm Sascha an die Hand und sie folgten den anderen, die bereits die Stufen hinab und zur Synagoge hinübergegangen waren. Die Frauen kamen hinter ihnen her. Sie würden gleich in der Synagoge in Reihen sitzen, die von denen der Männer durch einen hölzernen Vorhang abgetrennt waren.
Wie klein der Saal schien, wie eng aneinander gedrückt die Reihen und Bänke waren! Sascha dachte an die prunkvolle Kirche mit all ihren goldenen Verzierungen, Bildern und schönen Farben, die seine Mutter ihm gezeigt hatte, als alles im Lande anders geworden war und die Partei nicht mehr entschied, ob man in die Kirche gehen durfte oder nicht.

Sascha ließ die Augen umherwandern. Die Juden waren längst nicht so reich wie andere Leute. In dieser jüdischen Kirche war kein Bild zu sehen und fast kein Schmuck. Nur ein Vorhang aus Samt hing an einer Wand, umrahmt von verzierten hölzernen Säulen. Darüber hingen zwei große geschnitzte Tafeln aus Holz.
„Siehst du diese Tafeln?"
David stand neben ihm und gab auch sogleich die Antwort auf seine Frage.
„Das sind die Zehn Gebote, die Moses auf den Steinen vom Sinai herabgetragen hat."

Sascha blickte auf das kleine Podium vor den Reihen, auf dem bereits der Rebbe stand. David erklärte: „Der Rebbe steht an der Bima, wie er es immer macht, wenn er aus der Tora liest. Jedes Wort, das er liest, zeigt er mit dem Zeigestab an, mit dem Jad. Und dort, hinter dem Vorhang, da ist das Heiligste des Heiligen, der Toraschrein. Er blickt gen Osten auf Jerusalem, auf die Heilige Stadt. Dort im Toraschrein bewahren wir die Torarollen auf, die fünf Bücher Moses."

Nun schlug David sein Gebetbuch auf, hüllte seinen Kopf in den Tallit und schien Sascha ganz zu vergessen. Der Junge lauschte dem leisen Murmeln der Männer. Eine ganze Reihe von Gebeten und Segenssprüchen wechselten sich ab und immer wieder erkannte er dieselben Worte, die er bereits gehört hatte, nachdem Mr. Ellis gekommen war.
„Schma Jisrael ...."
Es musste ein sehr wichtiges Gebet sein, wenn sie es immer wiederholen, dachte Sascha. Was hatte David gesagt?
„Höre Israel, der Ewige, unser Gott, der Ewige ist einzig ..."
Dieselben Worte, die in der Mesusa am Türpfosten standen und in den kleinen Kästchen der Gebetsriemen.

Sascha war überwältigt, als der Gottesdienst nun seinen Lauf nahm. Er sah, wie die Tora aus dem Allerheiligsten herausgetragen wurde; die Rolle war herrlich gekrönt mit silbernen Verzierungen und in Samt gehüllt. Er sah, wie der Jad in der Hand des Rebbe zitterte, als er die Abschnitte teils las und teils sang, mit seiner alten, melodischen Stimme. Immer wieder stimmten die Männer ein in die Gebete, manchmal standen sie auch auf und beteten leise und bewegten dabei heftig ihre Körper. Sascha sah auch, wie der Rabbiner vor die neun Männer trat und frei sprach in der fremden Sprache, die sie Hebräisch nannten. Er predigte. Er bewegte seine Hände, während er sprach und die Männer und Frauen atemlos zuhörten.

Ruth Weiss

INNENRAUM DER SYNAGOGE IN STRAUBING

BAR-MIZWA-JUNGE

Schma Jisrael – Höre Israel

Höre, Jisrael, der Ewige, unser Gott, der Ewige ist einzig.

Du sollst den Ewigen, deinen Gott, lieben mit deinem ganzen Herzen, deiner ganzen Seele und deiner ganzen Kraft. Diese Worte, die ich dir heute befehle, seien in deinem Herzen, schärfe sie deinen Kindern ein und sprich davon, wenn du in deinem Haus sitzest und wenn du auf dem Weg gehst, wenn du dich niederlegst und wenn du aufstehst. Binde sie zum Zeichen an deine Hand, sie seien zum Stirnschmuck zwischen deinen Augen. Schreibe sie an die Pfosten deines Hauses und deiner Tore (*5. Buch Moses 6,5–9*).

Es wird sein, wenn ihr auf Meine Gebote immer hören werdet, die Ich euch heute gebiete, den Ewigen euren Gott zu lieben und Ihm zu dienen mit eurem ganzen Herzen und mit eurer ganzen Seele, so werde Ich den Regen eures Landes zur richtigen Zeit geben, Frühregen und Spätregen, du wirst dein Getreide einsammeln, deinen Most und dein Öl. Ich werde das Gras auf deinem Feld für dein Vieh geben; du wirst essen und satt werden. Hütet euch, dass euer Herz nicht verführt werde und ihr abweichet und Göttern der anderen dienet und euch vor ihnen bückt. Der Zorn des Ewigen wird dann gegen euch entbrennen, Er wird den Himmel verschließen, dass kein Regen komme, und der Erdboden wird seinen Ertrag nicht geben; ihr werdet bald aus dem guten Land schwinden, welches der Ewige euch gibt. Leget diese, Meine Worte, in euer Herz und in eure Seele, bindet sie zum Zeichen an eure Hand, und sie seien zum Stirnschmuck zwischen euren Augen. Lehret sie eure Söhne, davon zu sprechen, wenn du in deinem Haus sitzest und wenn du auf dem Weg gehst, wenn du dich niederlegst und wenn du aufstehst. Schreibe sie an die Pfosten deines Hauses und deiner Tore. Damit eure Tage und die Tage eurer Kinder sich mehren auf dem Boden, den der Ewige euren Vätern geschworen hat, ihnen zu geben, wie die Tage des Himmels über der Erde *(5. Buch Moses 11,13-21)*.

Der Ewige sagte zu Mosche, damit er es lehre: Rede zu den Kindern Jisrael und sage ihnen, sie sollen sich Zizit (Schaufäden) an die Ecken ihrer Kleider machen für alle ihre Generationen, und sie sollen an die Zizit der Ecke einen Faden himmelblauer Wolle geben. Es sei euch zu Zizit, damit ihr sie sehet und euch an alle Gebote des Ewigen erinnert und sie erfüllt; und späht nicht nach eurem Herzen und euren Augen, denen nachfolgend ihr Mir untreu werdet. Damit ihr all Meiner Gebote gedenkt und sie erfüllt und eurem Gott heilig werdet. Ich bin der Ewige, euer Gott, der Ich euch aus dem Land Ägypten geführt habe, um euch zum Gott zu sein. Ich bin der Ewige euer Gott *(4. Buch Moses 15,37-41)*.

Siddur Schma Kolenu (jüdisches Gebetbuch)

Der Sabbat

„Warum müssen wir da sein, bevor es dunkel wird?"
Mr. Ellis war plötzlich sehr ernst.
„Heute ist Freitag. Das ist für uns Juden der Vorabend des Sabbat. Und das ist der Höhepunkt der Woche, der Ruhetag, der Tag, an dem Gott von der Schöpfung ausruhte. Und, Sascha, jeder Tag – und damit auch jeder Feiertag – beginnt am Vorabend. Ich lernte als kleiner Junge vor meiner Bar Mizwa, dass es die alten Rabbiner so angeordnet hatten, weil sie es aus der Bibel deuteten. Im 1. Buch Moses, in der Geschichte der Schöpfung, steht nämlich: Und es ward Abend und es ward Morgen, der erste Tag. So feiern wir immer vom Sonnenuntergang des Vorabends bis zum Sonnenuntergang des Feiertages."
Wieder hielt der Wagen an dem Ende der alten Gasse. Doch diesmal sah Sascha, dass das Tor der Synagoge weit offen war und dass ein paar Menschen auf der Straße standen und andere neugierig aus den Fenstern blickten. Die Tür des kleinen Häuschens stand ebenfalls offen. David winkte aufgeregt, als er Mr. Ellis und Sascha kommen sah.
„Schalom! Gut Schabbes!", rief er. „Herein, kommt herein!"
Sascha erkannte das Zimmer kaum wieder, geschweige denn die Männer. Der graue Dunst war verschwunden, der Raum war hell und freundlich, fast schien er von selbst zu leuchten, es duftete herrlich und selbst die Fenster waren blitzblank geputzt. Die Männer waren alle festlich schwarz gekleidet und standen rings um den Rebbe herum. Neben dem Tisch standen mehrere Frauen, die die Neuankömmlinge begrüßten.
Die Älteste, eine große Frau mit grauen, hoch aufgesteckten Haaren, ging langsam um den Tisch herum. Sascha staunte über das schwere weiße Tischtuch und über die geputzten silbernen Bestecke. Am Ende des Tisches stand ein Leuchter mit zwei Kerzen. Die alte Frau entzündete ein Streichholz und steckte damit erst die eine und dann die andere Kerze an. Dann bedeckte sie sich mit ihren Händen die Augen und sprach leise etwas, das Sascha nicht verstand. Es war ein Segen, vermutete er und sah, wie die Frau ihre Hände über den Kerzen hin- und herbewegte.
Er schaute fragend an Doktor Kantor hoch, der plötzlich neben ihm stand. Dieser flüsterte ihm die Worte der Frau ins Ohr: „Gelobt seist du, Ewiger, unser Gott, König der Welt, der du uns geheiligt hast durch deine Gebote und uns befohlen hast, das Sabbat-Licht anzuzünden."
Er lächelte und erklärte weiter: „Wir heiligen den Sabbat jede Woche und es ist die Pflicht der Frau, den Sabbat zuerst zu begrüßen. Komm mit."

Sascha geht nun mit allen gemeinsam in die Synagoge.
Was er dort erlebt, hast du bereits gelesen.

Leise verließen sie – Sascha und Frau Breslauer – die Synagoge und gingen hinüber in das kleine Haus, in dem die Lichter brannten und die Kerzen auf dem Tisch flackerten. Sie betraten die Küche und die Alte lächelte, als sie sah, wie zwei junge Frauen mit verschiedenen Sachen hantierten und sie begrüßten.

„Guten Abend, Frau Breslauer!"

„Siehst du, Sascha", sagte sie, „deswegen kam ich etwas früher herüber. Ich wollte sehen, ob unsere Nachbarinnen mit allem zurechtkommen. Den ganzen Tag über haben wir jüdischen Frauen gekocht, doch nun dürfen wir nichts mehr tun, denn der Feiertag hat begonnen. Unsere russischen Nachbarinnen helfen uns, und zwar aus Gefälligkeit."

Sie unterbrach sich, als sie hörte, dass die anderen das Haus betraten.

„Gut Schabbes", sagte der Rebbe, der als Erster hereinkam. Der Rebbe ging zu seinem Platz am Kopf des Tisches. Vor dem Rebbe stand eine Flasche Wein, ein silberner Becher und ein Teller, über den eine weiße, bestickte Decke gebreitet war. Der Rebbe goss Wein in den Becher, sprach einen Segen, trank einen Schluck und gab den Becher weiter, damit alle von ihm tranken. Nun hob er das Tuch und Sascha konnte zwei geflochtene Brote darunter liegen sehen. Abermals sprach der Rebbe einen Segen und brach anschließend von einem der Brote ein Stück ab, tauchte es in eine Schale mit Salz, aß es und gab den Laib ebenfalls weiter, damit alle, auch Sascha, davon nahmen.

„Gelobt sei der Ewige, der alles erschuf, der die Trauben wachsen ließ und den Weizen für Wein und Brot", flüsterte Doktor Kantor, der neben Sascha saß, dem Jungen zu. So hatte der Rabbi gesprochen, als er den Wein trank und das Brot brach.

Jeder war gut aufgelegt. Joel Ellis sprach Jiddisch und Russisch durcheinander mit dem Rebbe, an dessen rechter Hand er als Ehrengast saß. David erzählte Witze, die Sascha nicht verstand, und Doktor Kantor unterhielt sich angeregt mit Frau Breslauer. Auch die anderen sprachen und erzählten sich Geschichten, es war wieder ein herrliches Durcheinander.

Nachdem Sascha schon das zweite Mal vom Kuchen und den gebackenen Quitten nachgenommen hatte, musste er doch gähnen. Gerade stimmte der Rebbe das Tischgebet an und die anderen sangen mit.

„Dein Taxi kommt gleich", sagte Joel Ellis danach zu seinem kleinen Freund.

„Weißt du, ich bleibe heute Nacht hier. Es ist Schabbes, die Krone der Welt, und morgen werden wir wieder in die Synagoge gehen."

Ruth Weiss

Marc Chagall, 1946

Hartmut R. Berlinicke, 1994

Sukkot – das Laubhüttenfest

Mein Großvater baute jedes Jahr eine Sukka auf dem engen Balkon, im Seiteneingang seines kleinen Hauses in Haifa. Jedes Jahr machte er aus denselben Holzbalken das Hüttengerüst, die Wände waren aus Palmzweigen und Laub und das Dach aus runden, dunkelgrünen Palmwedeln und graugrünen Pinienzweigen, die er von den Bäumen seines Gartens frisch abgeschnitten hatte. Von außen war die Laubhütte grün, innen strahlte sie weiß, da die Wände mit weißen Laken behängt waren. Geschmückt war die Sukka mit dem in der Tora vorgeschriebenen Feststrauß aus „vier Pflanzenarten". Das sind: *Etrog*, Paradiesapfel, *Lulaw*, Palmzweig, *Hadas*, Myrtenzweig, und *Arawa*, Bachweidenzweig. Der gelbe Paradiesapfel lag in einer mit Samt ausgekleideten Schachtel aus Olivenholz und verströmte seinen hellen Duft, der sich mit den dunklen Düften der Zweige, der brennenden Festkerzen, der Äpfel und Granatäpfel, des Honigs und des Festbrotes vermischte. Manchmal kam der Geruch frischer Erde nach dem ersten Regen hinzu. Auf dem weiß bedeckten Tisch lagen seine alten Gebetsbücher und das Buch Kohelet, das ist „Der Prediger Salomo", das man während der Festwoche liest und studiert. Wenn wir meinen Großvater während des Festes besuchten, lud er uns sofort in die Laubhütte ein und beim Betreten der Sukka sprach er leise den Segen: „… Gepriesen seist du, Ewiger, unser Gott, König der Welt, der uns durch seine Gebote geheiligt und uns geboten hat, in der Laubhütte zu wohnen."

Die Hütte ist eine schlichte und arme Behausung; sie ist nicht bequem; Wind, Regen oder die starken Sonnenstrahlen dringen leicht durch und dennoch kann ihr Bewohner angenehme Zeit darin verbringen und Gäste empfangen. Ob reich oder arm, jeder muss eine Woche lang in der Hütte wohnen. Daher ist die Laubhütte Sinnbild einer besseren Zukunft, die Gleichheit und Gerechtigkeit verspricht.

Die Hütte ist eine unbeständige Behausung. Gerade im Herbst, wenn die Ernte eingebracht ist und man sich gut versorgt, sicher und zufrieden fühlt, sollen wir uns die Unsicherheit des Menschenlebens vergegenwärtigen und auf unsere Einfachheit achten. Mehr noch, wir sollen nicht wegen der Früchte unserer Arbeit überheblich werden. Was brächte unsere Arbeit ohne Segen zustande?

Dennoch ist Sukkot vor allem ein Fest der Freude. Zur Zeit des Tempels wurde das Hüttenfest als fröhliches Volksfest begangen. Die Stadt Jerusalem war voll von Menschen, Laubhütten, grünen Zweigen und Früchten. Zu Sukkot ist Jerusalem auch heute noch voller Laubhütten; und jeder Bürger ist eingeladen, Gast in der Hütte des Präsidenten zu sein.

Efrat Gal-Ed

Jerusalem

„Wer in Israel war, aber nicht Jerusalem besucht hat, der war nicht in Israel", sagte eines Morgens Dans Vater zu Bernd. „Hast du Lust, mit Dan und mir nach Jerusalem zu fahren?" Natürlich hatte Bernd Lust.

Im Auto erzählte Vater Zwi: „Jerusalem ist nicht nur die Hauptstadt Israels, Jerusalem ist das Herz Israels. Jerusalem ist die Sehnsucht ungezählter Juden in der ganzen Welt. Viele jüdische Gebete schließen mit dem Wunsch: ‚Nächstes Jahr in Jerusalem!' Was du heute erlebst, Bernd, haben sich Jahrhunderte hindurch Juden oft vergeblich gewünscht. Viele haben ihr Leben riskiert, nur um nach Jerusalem zu kommen. Jerusalem ist die einzige heilige Stadt der Juden."

„Wie ist es dazu gekommen?", fragte Bernd.

„Das ist eine lange Geschichte", antwortete Dans Vater. „Sie begann vor 3000 Jahren; da eroberte David die Stadt und brachte das Heiligtum Israels dorthin, die heilige Lade, das ist der Schrank mit den Gesetzestafeln. Sein Sohn, der König Salomo, baute einen großen, prächtigen Tempel, in dessen innerstem, dunklem Raum wurde das Heiligtum aufgestellt. Diese Lade galt auch als Thron, auf dem Gott unsichtbar gegenwärtig ist. So wurde der innere Raum des Tempels das Allerheiligste, der Ort, an dem der Gott Israels wohnt. Vor dem Allerheiligsten befand sich ein großer Brandopferaltar. Hier wurden an den großen Wallfahrtsfesten die Opfertiere dargebracht. Das ist ein Gebot, das nur im Lande Israel erfüllt werden kann. Darum ist für uns Juden das Land Israel und ganz besonders die Stadt Jerusalem so wichtig. Land und Volk gehören zusammen."

„Werden denn die Wallfahrtsfeste noch gefeiert?", wollte Bernd wissen.

„Die Feste werden gefeiert, aber anders als früher, weil der Tempel noch nicht wieder erbaut ist."

„Der Tempel ist kaputt?"

„Das erste Mal hat ihn Nebukadnezar, der König der Babylonier, zerstört, dann wurde er recht notdürftig wieder aufgebaut und später hat ihn König Herodes, den du aus der Weihnachtsgeschichte kennst, prachtvoll und großartig ausgebaut. Der Tempel war noch gar nicht ganz vollendet, da eroberten die Römer Jerusalem und vernichteten ihn. Das war im Jahre 70 nach Christi Geburt. Nur die Westmauer des äußeren Vorhofs ist stehen geblieben. Solange der Tempel nicht wieder steht, ist diese Mauer die heilige Stätte der Juden."

Zwei Stunden später kamen sie zu der hohen Mauer. Vater Zwi nahm die beiden Jungen mit bis dicht an die Mauer heran. Er lehnte seinen Arm an die Mauer und neigte den Kopf auf den Arm. In dieser Stellung verharrte er eine längere Zeit. Bernd beobachtete, wie ein älterer Mann einen Zettel zusammenrollte und in eine Fuge zwischen zwei Steinen steckte. „Da hat er seinen Herzenswunsch darauf geschrieben", erklärte Dan, als er sah, wie Bernd sich wunderte, „seine innigste Bitte an Gott." „Was beten denn die Männer hier?", fragte Bernd. „Sie beten um Frieden für Israel und die Welt. Sie bitten, dass der Messias bald kommen möchte. Aber auch persönliche Dankgebete und Bitten sprechen sie aus. Sie klagen über ihr eigenes Leid und darüber, dass so viel Unfriede in der Welt ist. Darum wird diese Mauer auch Klagemauer genannt."

Nach dem Besuch der Klagemauer fuhr Vater Zwi die beiden Jungen auf den Ölberg. Von hier aus hat man einen guten Ausblick auf die ummauerte Altstadt Jerusalem. Eine in der Sonne goldglänzende Kuppel fiel Bernd besonders auf. „Das ist die Omar-Moschee, die auch Felsendom genannt wird, ein muslimisches Heiligtum, nach Mekka und Medina die drittheiligste Stätte des Islam. Von dort aus soll Mohammed auf seinem Wunderpferd Burak zum Himmel geritten sein. Die Moschee steht auf dem Platz, auf dem einst unser Tempel gestanden hat", erklärte Dans Vater. „Links daneben mit der silbernen Kugel siehst du die Al-Aqsa-Moschee, ein weiteres wichtiges Heiligtum der Muslime. Zwischen beiden Moscheen muss sich das Allerheiligste unseres Tempels befunden haben. Siehst du rechts am Hang des Ölbergs die Olivenbäume? Das ist Gethsemane, der Garten, in dem Jesus verhaftet worden ist, einer von vielen Juden, die um ihres Glaubens willen ermordet worden sind, für euch Christen der auferstandene Messias.

Jerusalem ist die heilige Stadt von drei Religionen. Kein Wunder, dass es Streit gibt. Der Name Jerusalem bedeutet Friedensblick. Das sollte ein Zeichen sein, dass man hier in Frieden gemeinsam miteinander leben kann. Juden, Christen und Muslime müssten ein Beispiel für alle geben können. Alle Religionen lehren, dass sich die Menschen lieben sollen."

Johann Friedrich Konrad

BLICK AUF JERUSALEM VOM ÖLBERG

Schalom chawerim

deutsche Übersetzung:

Friede (sei mit euch), Freunde,
und auf Wiedersehen!

Ja'a se schalom

deutsche Übersetzung:

Frieden gibt der Herr,
Frieden gibt der Herr,
Frieden uns allen
und für ganz Israel!

Frieden gibt der Herr,
Frieden gibt der Herr,
Frieden uns allen
und seiner ganzen Welt!

Im Internet recherchieren – wie mache ich das?

Das Internet bietet mir viele Möglichkeiten, Informationen zu erhalten – wenn ich weiß, wie ich sie mir verschaffe.

- Vorbereitung der Recherche
  - Ich überlege, zu welchem Thema ich Informationen benötige, und sammle Begriffe, die mir dazu einfallen.
  - Ich mache mir klar, wofür ich die Informationen benötige (Referat, Wandzeitung, Homepage) und welche Informationen ich brauche (Bilder, Skizzen, Texte).
  - Ich erwäge, welche Informationswege in Frage kommen: Lexikon, Zeitung, Interview, Internet u.a.

- Durchführung
  - Ich wähle – wenn möglich – zuerst bekannte Internetadressen aus, von denen ich weiß, dass sie zu meinem Thema Informationen enthalten.
  - Ich nutze Suchmaschinen, wie z.B. google oder yahoo. Eine Suchmaschine für Suchmaschinen ist www.klug-suchen.de.
  - Ich weiß: Je genauer mein eingegebener Suchbegriff ist, desto besser ist mein Suchergebnis.

- Auswertung
  - Ausgewählte Ergebnisse meiner Suche speichere ich ab, kopiere sie in die Zwischenablage oder drucke sie aus.
  - Ich bedenke, dass jeder Informationen ungeprüft ins Internet setzen kann. Deshalb muss ich überprüfen, ob ich ihnen trauen kann.

  - Ich notiere interessante Adressen für spätere Recherchen im Internet.
  - Ich überlege, wie ich meine Recherche noch verbessern kann. Dabei hilft es, den Weg nachzuvollziehen, den ich im Internet gegangen bin (Button: „Verlauf" neben „Favoriten").

Vgl auch: www.schule.de

Aufgaben – Impulse – Projektideen

- 201 BILD: ▶Vermute, was hier dargestellt ist. Überprüfe deine Vermutung, nachdem du das Kapitel bearbeitet hast.

- 202 EVELYNE: ▶Fasse zusammen: Wie hat sich Evelynes Einstellung zu ihrem Glauben verändert? ▶Schreibe Evelyne einen Brief. Ihre Religion und deine Religion sollten ein Thema sein.

- 203 FALLENDE STERNE: ▶Diese Geschichte wird als Antwort auf eine Frage erzählt. Nenne die Frage und erläutere den Zusammenhang. ▶▶Diese Geschichte hat als zweite Überschrift den Titel „König-David-Sage". Recherchiert in Gruppen: a) Wer war König David? Schreibt eine kurze Biografie. b) Was versteht man unter dem Begriff „Sage"? Erörtert, ob der Begriff auf den Text von den fallenden Sternen passt.

- 204 TORA: ▶Äußere deine Vermutungen, worüber die Männer auf dem Bild reden könnten – vor dem Lesen des Textes und danach. ▶▶In Gruppen: Nehmt den Text als Vorlage und verfasst (Recherche!) parallel dazu einen Text a) „Die Bibel im Christentum" oder b) „Der Koran im Islam".

- 205 BILD: ▶Beende den Satz: „Die Tora ist für diesen Juden wie …" ▶Schreib eine Geschichte zu dem Bild oder entwickle daraus eine Bildergeschichte. ▶Vergleiche das Bild mit dem auf der linken Seite.

- 206–207 SASCHA: ▶Formuliere fünf Fragen zum Text. In zwei Gruppen könnt ihr ein Quiz daraus machen. ▶▶Betrachte gemeinsam mit deinem Nachbarn/deiner Nachbarin das Foto. Stellt euch gegenseitig Suchaufgaben (z.B.: Wie viele Davidsterne sind in der Synagoge zu sehen? Wo steht die Bima?).

- 208–209 SCHMA JISRAEL: ▶Erläutere, was für eine Art von Text das „Sch'ma Jisrael" ist; kennst du vergleichbare Texte? ▶Erkläre das Bild, nachdem du den Text gelesen hast.

- 210–211 SABBAT: ▶Bearbeite folgende Fragen mit Hilfe des Textes: a) Welche Bedeutung hat der Sabbat? b) Wie unterscheidet sich der Sabbat von den Werktagen? c) Beschreibe den Ablauf des Sabbats. ▶▶Diskutiert, welche Bedeutung der Sonntag für euch hat.

■ 212 BILD: ▶Beschreibe das Bild zweimal: vor und nach dem Lesen des Textes auf S. 213.

■ 213 SUKKOT: ▶Erarbeite, warum Juden das Laubhüttenfest feiern und was zur Feier dazugehört. ▶Male deine eigene Laubhütte.

■ 214–215 JERUSALEM: ▶▶Beschreibt die Stadt Jerusalem und das Land Israel mit Hilfe des Atlas (Flüsse, Seen, Städte, Gebirge, Wüsten; Nachbarländer). ▶Suche im Internet Informationen zum Judentum, zu Israel und Jerusalem (z.B. unter www.hagalil.com).

Vorschläge für Projekte

■ *Besuche Plätze des Judentums* in deiner oder einer benachbarten Stadt, z.B. eine Synagoge, eine jüdische Schule, einen jüdischen Friedhof.

■ Plant eine *Stadtrallye* unter dem Titel „Juden in …": Welche bekannten Juden haben hier gelebt? Welche Straßennamen verweisen auf Juden? Gibt es Geschäfte mit kosheren Lebensmitteln?

Entdeckt, verstanden, gestaltet

Judentum: Ein Gott, ein Volk, ein Glaube

Am Ende dieses Buches kann ich	■ von Personen und Geschichten erzählen, die große Bedeutung für den jüdischen Glauben haben: von Abraham und Sara, von Jakob, Mose, König David, Jesaja usw.
Ich weiß,	■ dass das Alte Testament der Christen zugleich und zuerst die Heilige Schrift der Juden ist.
Ich kann	■ von Jesus von Nazareth berichten, der ein Jude war, und Beispiele nennen, an denen sich das zeigte.
Ich kann	■ die jüdischen Feste Passa und Sukkot, die Bar-Mizwa und die Bedeutung des Sabbat erläutern
und weiß,	■ dass jüdische Feste stets in Verbindung stehen mit der Geschichte des Volkes Israel mit seinem Gott.
Ich kann	■ schildern, wie die Geschichte vom Exodus im Feiern des Passafestes und des Sedermahls vergegenwärtigt wird.
Ich weiß,	■ dass im 5. Buch Mose, im 6. Kapitel, das Glaubensbekenntnis der Juden steht.
Ich kann	■ den ersten Vers auswendig aufsagen: Höre, Israel ...
Ich kenne	■ Möglichkeiten, das Glaubensleben der Juden selbst mitzuerleben, z.B. durch den Besuch einer Synagoge.
Ich kann	■ mich beim Besuch eines Synagogengottesdienstes angemessen verhalten.

Quellenverzeichnis

Lieder

S. 16: Paragon Music Corp., für D/A/CH (dt.-spr.): Universal Songs, Holland. –
S. 33: Neue Stadt Verlag München. –
S. 42: Strube Verlag GmbH, München-Berlin. –
S. 61, 139: tvd-Verlag, Düsseldorf. –
S. 62: Quelle unbekannt. –
S. 83, 193: Peter Janssens Musik Verlag, Telgte-Westfalen. –
S. 87: Präsenz-Verlag, Gnadenthal. –
S. 96: Rechte beim Urheber. –
S. 100: Menschenkinder Verlag, Münster. –
S. 119: 1978 by Far Musikverlag GmbH/Ackee Music Inc. –
S. 153: Gustav Bosse Verlag, Kassel. –
S. 187: EG, Nr. 299. –
S. 216: o.: allg. Volksgut; u.: dt. Text: D. Trautwein; Melodie: N. Hirsch.

Texte

S. 6: Susanne Kilian, Innendrin, in: Dietrich Steinwede (Hg.), Neues Vorlesebuch Religion 1. Geschichten für Kinder von 6–14, Ernst Kaufmann, Lahr 1996, S. 40f. –
S. 8: Rolf Krenzer, Wer einen Freund hat – Wer eine Freundin hat, in: Dietrich Steinwede (Hg.), Neues Vorlesebuch Religion 2, a.a.O., S. 11f. –
S. 10: Gina Ruck-Pauquèt, Migi und Janos, in: Dietrich Steinwede (Hg.), Neues Vorlesebuch Religion 1, a.a.O., S. 73. –
S. 13: Rechte beim Urheber. –
S. 15: Anna-Katharina Szagun, Vom Lätzchen, das Bäffchen heißt, und anderen schweren Fragen, Neukirchener Verlagshaus, Neukirchen-Vluyn 2005, S. 17f. –
S. 22: Martin Auer, Über die Erde, in: Hans J. Gelberg (Hg.), Überall und neben dir, Beltz, Weinheim/Basel 1986. –
S. 29: Rechte beim Urheber. –
S. 30: Erich Fried, Anfechtungen, Klaus Wagenbach, Berlin 1967, S. 26. –
S. 31/32: Gudrun Pausewang, Das Wunder, in: Dietrich Steinwede/Ingrid Ryssel (Hg.), Schöpfung spielen und erzählen. Kinder begleiten in Schule, Gemeinde und Familie, Gütersloher Verlagshaus, Gütersloh 1996, S. 13f. (gekürzt). –
S. 41: nach: PTI Bonn (Hg.); Religionsunterricht Primarbereich, XVIII: Abraham – „Urbild des Glaubensgehorsams", Bonn 1989, S. 8–11. –
S. 43/44: Albrecht Schmidt-Brücken, in: Evangelische Kinderkirche. Zeitschrift für Mitarbeiter im Kindergottesdienst 1/1989, Junge Gemeinde, Stuttgart 1989, S. 46. –
S. 45: Irmgard Weth (Hg.), Neukirchener Kinder-Bibel. Mit Bildern von Kees de Kort, Kalenderverlag, Neukirchen-Vluyn 1989^2, S. 30f. –
S. 46: Die große farbige Kinderbibel, neu bearbeitet von Willi Hauck, Karl Müller Verlag, Erlangen, 1988. –
S. 48: Der Koran. Das Heilige Buch des Islam, alle Rechte an der deutschen Übersetzung von Leo Winter beim Wilhelm Goldmann Verlag, München, in der Verlagsgruppe Bertelsmann GmbH.
S. 52 o.: Peter Müller, Schenk dir Fastentage, Verlag am Eschbach. u.: Der Koran, a.a.O. –
S. 81/82: nach: Ginette Hoffmann/Jocelyne Ajchenbaum, Zur Zeit in Jerusalem, Union, München 1994^2, S. 6. –
S. 94: Der Morgen weiß mehr als der Abend. Kinderbibel, Kreuz, Stuttgart 1981, S. 166f. –
S. 100: Ilse Geretenkord, Petrus und Paulus – nur eine Apg?, in Religion 1/1998, Bergmoser + Höller, Aachen, S. 17. –
S. 101: Dietrich Steinwede, Religionsbuch Oikumene 4. Den Frieden suchen, Patmos, Düsseldorf 1996, S. 89. –
S. 104/105: Willi Fährmann, Ein Fisch ist mehr als ein Fisch, Brendow, Moers 1997, S. 13–21. –
S. 106: Otthein Knödler u.a. (Hg.), Das neue Kursbuch Religion 5/6, Calwer/Diesterweg, Stuttgart/Frankfurt/M. 1984, S. 82. –
S. 130: Regine Schwarz, Traurig, in: Heidi Kaiser, Leiden und Hoffen, Ernst Kaufmann, Lahr 1993. –
S. 131: Viola Richter, Ein Traum, in: Heidi Kaiser, Leiden und Hoffen, a.a.O., S. 83. –
S. 132 (bis Z. 23), 133: Kirsten Boie erzählt vom Angsthaben, Oetinger, Hamburg 1992, S. 14f., 34f. (gekürzt). –
S. 132 (ab Z. 24): Hans-Jürgen u. Antje Friese, Manchmal habe ich solche Angst, Mama. Wie Eltern ihren Kindern helfen können, Herder, Freiburg/Basel/Wien 1997, S. 20 (gekürzt). –
S. 134/135: freie Bibelübersetzung.
S. 138: Hermann-Josef Frisch/Rüdiger Pfeffer, Hoch hinaus. Gebete für Jugendliche, Patmos, Düsseldorf 1998, S. 32f., 78. –

S. 141/142: Paul Maar, Die verschlossene Tür, in: Dietrich Steinwede (Hg.), Neues Vorlesebuch Religion 1, a.a.O., S. 52f. –
S. 148 o.: Der Axtdieb, in: Klett-Lesebuch C 6, Ernst Klett, Stuttgart 1967. –
S. 148 u.: Gebet eines Sioux-Indianers, in: Dietrich Steinwede/Sabine Ruprecht (Hg.), Vorlesebuch Religion 2. Für Kinder von 5–12 Jahren, Ernst Kaufmann/Vandenhoeck & Ruprecht/Patmos/TVZ, Lahr/Göttingen/Düsseldorf/Zürich 1993[10], S. 103. –
S. 149: Hermann-Josef Frisch/Rüdiger Pfeffer, Hoch hinaus, a.a.O., S. 56f. –
S. 150, 152: Annika Thor, Ich hätte Nein sagen können, Beltz, Weinheim/Basel, 1998[2] (gekürzt). –
S. 155: Irmgard Weth, Neukirchener Kinder-Bibel, a.a.O., S. 218–221 (gekürzt). –
S. 157–159: Mirjam Pressler, Bitterschokolade, Beltz, Weinheim/Basel 1986 (gekürzt). –
S. 166: Susanne Kilian, Die Zeit und ich mittendrin, in: dies., Lenakind, Beltz, Weinheim/Basel 1980. –
S. 169: Hermine König, Das große Jahresbuch für Kinder. Feste feiern und Bräuche neu entdecken, Kösel, München 1996[2], S. 14–17 (bearbeitet). –
S. 170: Gertrud Wagemann, Feste der Religionen – Begegnung der Kulturen, Kösel, München 1996, S. 20. –
S. 171: Eugen Rucker (Fundort unbekannt). –
S. 176: Ruth Weiss, Sascha und die neun alten Männer. Das Fest der Lichter. Zwei Erzählungen, Peter Hammer, Wuppertal 1997, S. 92–95 (gekürzt). –
S. 178: Elsbe Groß, Zuckerfest – Scheker Bayram, in: Eva Jürgensen, Jesus und Mohammed, (Feste und Gestalten im Jahreslauf, H. 3), Ernst Kaufmann, Lahr 1993, S. 63 (gekürzt). –
S. 184/185: Rolf Krenzer, Komm, wir gehen Hand in Hand, Lahr, Limburg 1987. –
S. 195: Bischöfliches Hilfswerk Misereor e.V./ Brot für die Welt (Hg.), Monatsprojekte im zweiten Halbjahr 1999, Aachen/Stuttgart. –
S. 202: Alexa Brum u.a. (Hg.), Ich bin was ich bin, ein Jude. Jüdische Kinder in Deutschland erzählen. Mit einem Vorwort von Ignatz Bubis, Kiepenheuer &Witsch, Köln 1995, S. 45–47 (gekürzt). –
S. 203: Alexa Brum u.a. (Hg.), Ich bin was ich bin, ein Jude, a.a.O., S. 208f. –
S. 204: Birgit Besser-Scholz (Hg.), LebensZeichen, Band 1, a.a.O., S. 229f. –
S. 206/207: Ruth Weiss, Sascha und die neun alten Männer, a.a.O., S. 68–72 (gekürzt). –
S. 208/209: Siddur Schma Kolenu, Morascha, Basel 1997[2], S. 237–241. –
S. 210/211: Ruth Weiss, Sascha und die neun alten Männer, a.a.O., S. 65–78 (gekürzt). –
S. 213: Efrat Gal-Ed, Das Buch der jüdischen Jahresfeste, Insel, Frankfurt/M. 2000. –
S. 214/215: Johann Friedrich Konrad, Jerusalem, in: Udo Tworuschka/Dietrich Zilleßen (Hg.), Thema Weltreligionen, Diesterweg, Frankfurt/M. 1977 (gekürzt).

Bibeltexte

S. 27, 40, 42, 47, 78, 84 o., 98/99, 103, 119, 136/137, 140, 194: Lutherbibel, revidierter Text 1984, durchgesehene Ausgabe in neuer Rechtschreibung, ©1999 Deutsche Bibelgesellschaft, Stuttgart. –
S. 80, 83–86, 115: Gute Nachricht Bibel, revidierte Fassung, durchgesehene Ausgabe in neuer Rechtschreibung, ©2000 Deutsche Bibelgesellschaft, Stuttgart.

Bilder

Umschlagabbildung, S. 11, 159: Charley Case, Brüssel. –
Umschlaginnenseiten, S. 1: Siegfried Krüger, Dortmund (nach: Markus Eidt). –
S. 5: „Hat Kopf, Hand, Fuß und Herz", 1930, 214 (S 4); Aquarell und Tusche auf Baumwolle; 41,8 × 29,0 cm; Kunstsammlung Nordrhein-Westfalen, Düsseldorf, ©VG Bild-Kunst, Bonn 2007. –
S. 7: Lothar Nahler, Gau-Odernheim. –
S. 9, 160: ©The Estate of Keith Haring. –
S. 12: „Der Seiltänzer", 1923, 138, Lithographie, 44 × 27,9 cm, Kunstmuseum Bern, Annemarie und Victor Loeb-Stiftung, Bern; Bilddaten durch akg-images, ©VG Bild-Kunst, Bonn 2007. –
S. 14: Julia Treichel, Schneeverdingen. –
S. 17, 35, 53, 71, 89, 107, 125, 143, 161, 179, 197: Christof Tisch, Wiesbaden. –
S. 21: Gabriel Loire, Lèves. –
S. 23: „Schöpfung", ©VG Bild-Kunst, Bonn 2007. –
S. 26: „Und die Erde war wüst und leer..." (1 Mose 1,2), in: Evang.-luth. Landeskirche Hannover (Hg.), Stiftung Erich Grün, Aquarelle 1983, Hannover 1995, S. 19. –
S. 30: Paul van Loon, Das Geheimnis von Lehrer Frosch, für die deutsche Ausgabe: ©1997 arsEdition GmbH, München, Illustrationen v. Claudia de Weck. –
S. 34: „Noach", aus dem Misereor-Hungertuch „Hoffnung den Ausgegrenzten" von Sieger Köder, ©MVG Medienproduktion, Aachen 1996. –
S. 39: Karl-Heinz Melters, Aachen, Foto: missio. –
S. 40: Österreichische Nationalbibliothek, Wien (E 5.289-C Cod.Theol.gr.31, fol. 4v. pag. 8), Ausschnitt. –

S. 41: Michael Wolgensinger, in: Willy Brüschweiler u.a. (Hg.), Neue Schulbibel, Benziger/Herder/ Ernst Kaufmann/Kösel, Zürich/Freiburg i.Br./Lahr/ München 1976², S. 9 (Bild 2). –

S. 43: Dorothée Duntze, Sara, in: Quéré/Duntze, Gott sprach und Sara lachte, ©Verlag Ernst Kaufmann, Lahr. –

S. 44, 48: Achilles Rösner, Hiddenhausen. –

S. 45: „Sara und Abraham", ©VG Bild-Kunst, Bonn 2007. –

S. 47: Jan Lievens, Das Opfer Abrahams, Herzog Anton Ulrich-Museum, Braunschweig (Inv. Nr. 242). –

S. 50: Akefeh Monchi-Zadeh, ©Schirin und Giv von Koerber. –

S. 57: www.digitalstock.de

S. 58 o.: G. Dagli Orti, Ägypt. Museum, Kairo, in: Christian Jaqu, Die Pharaonen, Carl Hanser, München/Wien 1998. –

S. 58 u.: Die neue Schulbibel, ©1973 Patmos Verlag GmbH & Co. KG, Düsseldorf (Ausschnitt). –

S. 59/60: Die Bibel im Bild, Heft 1, Der Berg bebt, Deutsche Bibelgesellschaft, Stuttgart, ©David C. Cook Publishing Co, Elgin/Illinois (USA). –

S. 61: ©Sieger Köder, Der brennende Dornbusch. –

S. 63: Die Bibel mit Bildern von Esben Hanefelt Kristensen, Deutsche Bibelgesellschaft, Stuttgart ©Esben Hanefelt Kristensen. –

S. 65: „Passa", H. R. Berlinicke, Harpstedter Str. 23, D-27793 Wildeshausen. –

S. 66: „Exodus", in: Quadflieg/Frind, Die Bibel, ©1998 Patmos Verlag GmbH & Co. KG, Düsseldorf. –

S. 67: „Mirjam", aus dem Misereor-Hungertuch „Hoffnung den Ausgegrenzten" von Sieger Köder, ©MVG Medienproduktion, Aachen 1996. –

S. 68: „Mit zwei Dromedaren und einem Esel", 1919, 32, ©VG Bild-Kunst, Bonn 2007. –

S. 69: „Mose empfängt die Gesetzestafeln", ©VG Bild-Kunst, Bonn 2007. –

S. 70: Ulrich Ahrensmeier, Kirchengemeinde St. Martin, Hannover-Linden. –

S. 75: „The Three Kings" von Margaret Cusack, New York. –

S. 76 o. li.: Zev Radovan, Jerusalem. –

S. 76 o. re./u.: Sonia Halliday Photographs, Aylesbury. –

S. 76 M.: ASAP, Jerusalem. –

S. 78: IVP, Look into the Bible. –

S. 79: Hans-Ulrich Beyer/Wolfgang Dröpper, Auf den Spuren unseres Glaubens, Verlag an der Ruhr, Mülheim 1997 (daraus S. 51: 3 Abbildungen). –

S. 80: „Taufe Christi", Kunsthistorisches Museum, Wien (GG 981). –

S. 81: Ginette Hoffmann, Junge in Töpferwerkstatt, in: Ginette Hoffmann/Jocelyne Ajchenbaum, Zur Zeit Jesu in Jerusalem, Union, München 1994², S. 6. –

S. 83: Illustration von Gail Newey, in: Lois Rock, Der verborgene Schatz und andere Gleichnisse der Bibel, Deutsche Bibelgesellschaft, Stuttgart, ©Lion Publishing, Oxford. –

S. 84: Die Welt erkennen: Ich entdecke die Welt der Bibel, ©by Ravensburger Buchverlag, Ravensburg 1988. –

S. 85: „Christus und die Kinder", 1910, Ölfarben auf Leinwand, 86,5 × 106,5 cm, signiert unten links „Emil Nolde", New York, Museum of Modern Art, Urban 350, ©Nolde Stiftung, Seebüll. –

S. 86: Manfred Sorg/Hans Eichborn/Reinhold Hedke, Fundamente, Christsein heute, Schriftenmissions-Verlag, Neukirchen-Vluyn 1992⁶, S. 76. –

S. 87: „Christ en crois", ©Photo RMN/C. Jean. –

S. 88: „Osterbild" (Stoffapplikation) in: Bildfolien für Schule und Gemeinde, Katechetisches Amt der Ev.-Luth. Kirche in Bayern, Heilsbronn. –

S. 95: „Und fingen an, zu predigen in anderen Sprachen – Apg 2,4", ©VG Bild-Kunst, Bonn 2007. –

S. 96: ©Neues Buch Verlag GmbH, Nidderau. –

S. 97: „Ausgießung des Heiligen Geistes", Privatbesitz, ©Beuroner Kunstverlag, Beuron, Nr. 2124. –

S. 102: Bildarchiv Foto Marburg. –

S. 106: P. Clemens Sonntag S.D.S., Die Ewige Stadt. Ihre Heiligtümer und Kulturdenkmale in Wort und Bild, Salvator-Verlag, Kloster Steinfeld, Kall 1977¹⁸, S. 316. –

S. 111: Bibel-Abb., in: Bibel-Katalog 2000, ©Deutsche Bibelgesellschaft, Stuttgart. –

S. 113: Bruno Ernst, Der Zauberspiegel des M.C. Escher, Verlagsgesellschaft und Agentur MBH, Berlin 1986, S. 47. –

S. 114 o.: Johann Scheibner, Berlin. –

S. 114 u.: „Issac & Rebeka", in: Family Bible, S. 50/51, Copyright Dorling Kindersley, London. –

S. 115: „Jakobs Traum", Jenny Dalenoord. –

S. 117 u.: ©Bildarchiv Preußischer Kulturbesitz, Berlin/Jürgen Liepe, 1992. –

S. 118: Die Welt erkennen: Ich entdecke die Welt der Bibel, ©by Ravensburger Buchverlag, Ravensburg 1988. –

S. 120: Barnabas u. Anabel Kindersley, Kinder aus aller Welt, in Zusammenarbeit m. Unicef, dem Kinderhilfswerk d. Vereinten Nationen, Loewes Verlag, Bindlach 1995, S. 60f. –

S. 121.: Birgit Besser-Scholz (Hg.), LebensZeichen, Band 1, a.a.O., S. 264f. –

S. 123: ©Sieger Köder, Ihr habt mir zu essen gegeben. –

S. 129: „Er weidet mich auf einer großen Aue" (Radierung), ©VG Bild-Kunst, Bonn 2007. –

S. 130/131: „Melancholia", ©VG Bild-Kunst, Bonn 2007. –

S. 132/133: Kirsten Boie erzählt vom Angsthaben, Oetinger, Hamburg 1992, S. 14f., 34f. –

S. 134: „Petrus im Gefängnis", ©VG Bild-Kunst, Bonn 2007. –

S. 135: „Das kranke Kind", ©VG Bild-Kunst, Bonn 2007. –
S. 136: „Im tiefen Tal" (Radierung), ©VG Bild-Kunst, Bonn 2007. –
S. 138, 149: Frisch/Pfeffer, Hoch hinaus, ©1998 Patmos Verlag GmbH & Co. KG; Vorlagen: Rüdiger Pfeffer, Versmold. –
S. 141: „Le modèle rouge", ©VG Bild-Kunst, Bonn 2007. –
S. 147: ©Rotraut Susanne Berner. –
S. 151: „Schattenkampf II", ©VG Bild-Kunst, Bonn 2007. –
S. 154: ©Sieger Köder, Zachäus. –
S. 156: ©Sieger Köder, Die Frau am Jakobsbrunnen. –
S. 165: „Lebenskreis", in: Hildegard von Bingen: Das Buch „De Operatione Di", Otto Müller, Salzburg. –
S. 167: „Zeit ist ein Fluß ohne Ufer", ©VG Bild-Kunst, Bonn 2007; Vorlage: Artothek, Peissenberg. –
S. 169: ©Biblioteca Apostolica Vaticana (Barb.lat. 487). –
S. 170: „Eskimo und Adler", Zeichnung v. Walter Uihlein, Zirndorf. –
S. 171: „Es lebe der Frieden", ©Succession Picasso/ VG Bild-Kunst, Bonn 2007. –
S. 172: Beate Steitz-Röckener, Das Kirchenjahr den Kindern erklärt, Grafik: Andreas Röckener, ©Agentur des Rauhen Hauses GmbH, 2007. –

S. 183: „Über den Dächern". –
S. 185: ©Dia-Dienst, München. –
S. 186: Werner Tiki Küstenmacher, Tikis Evangelisch-Katholisch Buch: zusammen sind wir unschlagbar, ©1996 Pattloch Verlag GmbH & Co. KG; München. –
S. 187: Lutherrose, Stiftung Luthergedenkstätten, Eisenach. –
S. 188, 189: Peter Wirtz, Dormagen (u.a.). –
S. 191–196: Angelika Kreutter, Bad Berleburg. –
S. 194 o.: Hans Lachmann, Evangelische Kirche im Rheinland. –
S. 201: Arnoldo Mondadori Editore, Mailand. –
S. 205: „Der Rabbiner", Vorlage: AKG, Berlin. –
S. 207, 209, 215: Das Judentum, ©Auer Verlag, Donauwörth. –
S. 208: Editions Assouline, Paris. –
S. 211: Zeichnung zum Kap. „Der Sabbat", in: Bella Chagall, Brennende Lichter, Rowohlt, Reinbek 1966, S. 43; ©VG Bild-Kunst, Bonn 2007. –
S. 212: H. R. Berlinicke, Harpstedter Str. 23, D-27793 Wildeshausen.

Der Verlag hat sich bemüht, die Rechteinhaber aller verwendeten Materialien ausfindig zu machen. Leider ist dies nicht in allen Fällen gelungen. Der Verlag ist für weitere Hinweise dankbar.